王京生 樊建平／主编 杨 柳／著

粤港澳大湾区战略性新兴产业研究

人工智能卷

海天出版社

·深圳·

图书在版编目 (CIP) 数据

粤港澳大湾区战略性新兴产业研究. 人工智能卷 /
王京生，樊建平主编；杨柳著.—深圳：海天出版社，2020.1
ISBN 978-7-5507-2833-2

Ⅰ.①粤… Ⅱ.①王… ②樊… ③杨… Ⅲ.①人工智
能－产业发展－研究－广东、香港、澳门 Ⅳ.①F127.65
②F492

中国版本图书馆CIP数据核字（2020）第013928号

粤港澳大湾区战略性新兴产业研究 · 人工智能卷
YUEGANG' AO DAWANQU ZHANLÜEXING XINXING CHANYE YANJIU RENGONGZHINENG JUAN

出 品 人	聂雄前
责任编辑	涂玉香
责任技编	陈洁霞
封面设计	元明·设计

出版发行	海天出版社
地　　址	深圳市彩田南路海天综合大厦 （518033）
网　　址	www.htph.com.cn
订购电话	0755-83460239（邮购、团购）
设计制作	蒙丹广告0755-82027867
印　　刷	深圳市华信图文印务有限公司
开　　本	787mm×1092mm　1/16
印　　张	12.75
字　　数	135千
版　　次	2020年1月第1版
印　　次	2020年1月第1次
定　　价	58.00元

未来已来

王京生

国务院参事
联合国教科文组织"孔子奖章"获得者
北京大学、北京师范大学、深圳大学客座教授

如果把亚洲分成大陆亚洲和海洋亚洲的话，那么珠江入海口就是两者的连接点，这里将崛起世界上最密集的城市群。这种说法，曾出现在英国作家詹姆斯·克拉维尔于20世纪80年代出版的小说《望族》中，无形之中成为今天粤港澳大湾区崛起的绝佳预言。

回望这片湾区城市群的现代化进程，可以分为三个时期：第一个时期，是改革开放前，从20世纪60年代起，香港作为"亚洲四小龙"之一崛起，与澳门一道，为中国内地改革开放做了前期准备，成为中国观察世界和引进外资的重要窗口；第二个时期，经过40年改革开放，以深圳为代表的湾区城市，不仅自己实现了从无到有的蝶变，一跃成为领跑全国的先锋城市，同时也使整个城市群呈现欣欣向荣的局面，为粤港澳大湾区媲美于世界其他湾区奠定了基础；第三个时期，中央作出设立粤港澳大湾区的战略部署，并支持深圳建设中国特色社会主义先行示范区，表明粤

港澳大湾区作为我国深化改革开放的代表性地区，将从国家战略层面出发，进一步整合优势资源，参与到国际竞争当中。

粤港澳大湾区云集广深港三大国际大都市，造就了以东莞、佛山为代表的世界制造工厂，拥有香港港、深圳港、广州港等一系列世界级港口群，形成"城市群＋港口群＋产业群"的超强世界城市群。其城镇化水平、土地面积、人口规模、地区生产总值总量和产业竞争力，都堪与世界一流城市群匹敌。

畅销书《变量》里说，粤港澳大湾区的中心城市是哪一个？香港？广州？深圳？都是，又都不是。未来的粤港澳大湾区更像是一个超级的组合城市。

一个与纽约湾区、旧金山湾区、东京湾区并驾齐驱的世界级城市群，已经呼之欲出。粤港澳大湾区土地面积 5.6 万平方公里，约 7000 万的人口规模，以仅占全国 0.6% 的土地面积，地区生产总值占全国总量的 12.57%，未来增长空间十分巨大。自 2019 年 2 月 18 日中共中央、国务院正式公布《粤港澳大湾区发展规划纲要》之后，粤港澳大湾区的建设引起全球关注。随着城市化的推进，粤港澳大湾区的人口将超过 1 亿，实现人口翻倍，意味着有望超过世界三大湾区。

粤港澳大湾区不仅是中国最有活力的经济板块之一，更重要的是，它将引领下一波的世界发展潮流。在这样的情况下，观察它今天的科学技术、产业布局，特别是战略性新兴产业的情况尤为重要。实际上，我们在用今天的眼光瞻视未来，而未来已经在我们面前呈现清晰的轮廓。

作为国家战略的粤港澳大湾区，诞生在一个创新驱动发展的新时代。这个时代，基因技术、大数据、云计算、物联网、机器人、人工智能……一个个新鲜词语不断涌现。由这些词汇堆砌的未来世界，是一个机器人可以代替更多人类工作的世界，是一个虚拟世界与现实世界逐渐模糊的世界，也是一个创新驱动、充满幻想的世界。

粤港澳大湾区血脉里拥有天然的创新基因，它的战略定位就是要成为具有全球影响力的国际科技创新中心。在这里，不仅金融产业发达，而且未来产业发展速度国内领先。在这里，开始流行给新出生的婴儿做基因检测预测性格，中学生开始学习人工智能的编程课程，工业机器人代替了更多的年轻人在流水线上工作，服务机器人出现在机场担任迎宾或在商场担任导购，无人驾驶的大巴开始在街头试运行，新能源出租车取代了传统汽车，自助图书馆和自助办证等越来越多的自助机器闯入我们的生活，无人机不仅可以航拍而且能服务消防和公安领域。这一切分明在说：未来已来。

在这里，传统产业从业者已经不再观望，纷纷引入互联网技术或者人工智能技术，各个产业在悄悄地升级，流水线上大量的工人纷纷涌入城市做起了快递员和销售员；年轻的父母开始为子女选择专业感到苦恼，时常在一起讨论学习哪个专业未来更有前途，或者最好是从什么年龄开始学习编程课程。因为站在时代大潮的路口，他们非常明白，未来的变化只可能更快速、更迅猛，父母是否有能力为孩子规划好未来，这个问题让人思虑再三，且忐忑难安。毕竟，他们虽置身其中，却对未来产业所知甚少。有人说："你的对手不是竞争对手，而是整个时代。"现在看来，这句话还是很中肯的，不论个人或者企业，成功的最终决定因素是我们能否跟上这个时代的步伐。而只有那些洞察趋势的先行者，才能把握时代的机遇。

《粤港澳大湾区发展规划纲要》第六章第二节指出要"培育壮大战略性新兴产业"，描绘出了大湾区未来的产业格局。"依托香港、澳门、广州、深圳等中心城市的科研资源优势和高新技术产业基础，充分发挥国家级新区、国家自主创新示范区、国家高新区等高端要素集聚平台作用，联合打造一批产业链条完善、辐射带动力强、具有国际竞争力的战略性新兴产业集群，增强经济发展新动能。推动新一代信息技术、生物技术、高端装备制造、新材料等发展壮大为新支柱产业，在新型显示、新一代通信技术、5G和移动互联网、蛋白类等生物医药、高端医学诊疗设备、基因检测、现代中药、智能机器人、3D打印、北斗卫星应用等重点领域培育一批重大产业项目。围绕信息消费、新型健康技术、海洋工程装备、高技术服务业、高性能集成电路等重点领域及其关键环节，实施一批战略性新兴产业重大工程。"

"粤港澳大湾区战略性新兴产业研究"丛书用通俗易懂的语言讲述战略性新兴产业中的创业故事和产业趋势，主要探索未来20年中能够主导我们经济和社会的产业。5册图书是基于未来的5个关键的战略性新兴产业而分类创作的，包括机器人、人工智能、生命健康、新材料、物联网，之所以选择这五大产业不仅仅是因为它们自身的重要性，各自拥有数百亿元甚至上千亿元的产值空间，而且也因为它们是全球化浪潮中的代表，彼此之间密不可分。比如，新材料是机器人、人工智能、物联网、生命健康等产业的基础；同时，随着BT（生物技术）和IT（信息技术）逐渐融合，生命健康产业也需要借助大数据、云计算等新技术；物联网同样与人工智能和云计算技术分不开。显而易见，未来世界将是一个多元技术、多个学科交叉融合的世界，让我们对未来不禁浮想联翩。

2019年8月，中共中央、国务院出台《关于支持深圳建设中国特色社会主义先行示范区的意见》，赋予深圳无比崇高的历史新使命。从一骑绝尘的"深圳速度"，到以高产出、低消耗、低污染为特征的"深圳效益"，到结构优化、创新驱动、绿色低碳的"深圳质量"，再到对标国际一流、打造更具时代引领性的"深圳设计""深圳品牌""深圳标准"……深圳始终牢记党中央创办经济特区的战略意图，在体制改革中发挥了"试验田"作用，在对外开放中发挥了重要"窗口"作用。先行示范，如果说最初只是深圳的使命，今天已经成为这座城市的自觉追求，沉淀为深圳的城市基因，深深融入城市的文化血脉中。建设中国特色社会主义先行示范区，是深圳新的使命，深圳要继续深化供给侧结构性改革，实施创新驱动发展战略，建设现代化经济体系，在构建高质量发展的体制机制上走在全国前列。本系列丛书里绝大多数的企业案例来自深圳，我们不仅可以看到深圳企业家群体锐意进取的精神，而且可以看到作为一个学习样板，深圳正在积极地以"一马当先"带动"万马奔腾"，加快实现社会主义现代化强国的进程。

需要指出的是，在先行示范、创新引领的背后，实际上需要一系列的支撑，特别是文化的支撑。习近平总书记强调，文化自信是更基础、更广泛、更深厚的自信，是更基本、更深沉、更持久的力量。文化是托举一切的大地。我们可以看到，世界上创新能力强的国家，往往是文化发达的国家。文化驱动创新，创新驱动发展。正是融合了创新、智慧、包容和力量的文化，在不断的流动与碰撞中，为经济社会尤其是新兴产业发展提供了更为有力和持久的支撑。

我们创作"粤港澳大湾区战略性新兴产业研究"丛书，一方面，站在未来产业的大潮里，倾听未来产业中的弄潮儿讲述精彩的创业故事，看他们是如何把一项成果转化为现实的生产力，又是怎样展望未来的发展趋势；另一方面，这些跌宕起伏的创业故事和专家的产业展望内容，也可以给父母和年轻人一些启迪和智慧，使其感受到创新背后文化和精神的力量，帮助我们和下一代更从容地面对新的经济浪潮。

未来在有准备的人们面前已经到来，因为承接未来的一切早已开始。

粤港澳大湾区战略性新兴产业研究

前言

当我们准备研究粤港澳大湾区人工智能产业的时候，首先应当明确一下人工智能的产业边界。

然而，当前学术界还没有明确的关于人工智能的产业边界，对人工智能的核心产业和人工智能带动的相关产业仍需进行有效区分。由中国工程院院士潘云鹤担任顾问、中国电子学会编制的《新一代人工智能发展白皮书（2017年）》指出，围绕人工智能技术及衍生出的主要应用形成的、具有一定需求规模、商业模式较为清晰可行的行业集合，可被视为人工智能在当前的核心产业。随着潜在需求的逐渐明确和商业模式的日渐成熟，人工智能核心产业的边界与范围将逐步扩展。而通过人工智能核心产业发展所形成的辐射和扩散效应，获得新提升、新增长的国民经济其他行业集合，均可视为人工智能带动的相关产业。

随着互联网的普及、传感器与大数据的涌现、电子商务的发展、信息社区的兴起，数据和知识在人类社会、物理空间和信息空间之间交叉融合、相互作用，人工智能发展所处的信息环境和数据基础发生了巨大而深刻的变化，这些变化构成了驱动人工智能走向新阶段的外在动力。与此同时，人工智能的目标和理念出现重要调整，科学基础和实现载体取得新的突破，类脑计算、深度学习、强化学习等一系列的技术萌芽也预示着其内在动力的成长，人工智能的发展已经进入一个新的阶段。

2006年，加拿大多伦多大学教授杰弗里·辛顿提出了深度学习的概念，极大地促进了人工神经网络算法的发展，提高了机器自学的能力。比如，谷歌大脑团队在2012年通过使用深度学习技术，成功让电脑从视频中"认出"了猫。随着算法模型的重要性进一步凸显，全球科技巨头纷纷加大了这方面的布局力度和投入，通过成立实验室，开源算法框架，打造生态体系等方式推动算法模型的优化和创新。目前，深度学习等算法已经广泛应用在自然语言处理、语音处理以及计算机视觉等领域，并在某些特定领域取得了突破性进展，从有监督式学习演化为半监督式、无监督式学习。

综合来看，人类智能在感知、推理、归纳和学习等方面具有机器智能无法比拟的优势，机器智能则在搜索、计算、存储、优化等方面领先于人类智能，两种智能具有很强的互补性。人与计算机协同，互相取长补短将形成一种新的"1+1>2"的增强型智能，也就是混合智能。这种智能是一种双向闭环系统，既包含人，又包含机器组件。其中人可以接受机器的信息，机器也可以读取人的信号，两者相互作用，互相促进。在此背景下，人工智能的根本目标已经演进为提高人类智力活动能力，更智能地陪伴人类完成复杂多变的任务。

梳理人工智能从研发到应用所涉及的产业链各个环节，我们可以将人工智能在当前的核心产业分为基础层、技术层和应用层。基础层主要包括智能传感器、智能芯片、算法模型，其中，智能传感器和智能芯片属于基础硬件，算法模型属于核心软件。技术层主要包括语音识别、图像视频识别、文本识别等产业，其中语音识别已经延展到了语义识别层面，图像视频识别包括了人脸识别、手势识别、指纹识别等领域。应用层主要包括智能机器人、智能金融、智能医疗、智能安防、智能驾驶、智能搜索、智能教育、智能制造系统及智能人居等产业。

本书讲述的 7 个粤港澳大湾区的人工智能企业故事，大多属于技术层和应用层的案例。《2017 深圳机器人产业发展白皮书》指出，随着全球人工智能基础技术的持续发展与应用领域的不断丰富，人工智能技术层各产业未来将保持快速增长态势，预计到 2020 年，全球语音识别、图像视频识别、文本识别等人工智能技术层产业规模将达到 342 亿美元，我国人工智能技术层产业规模将突破 66 亿美元。

本书讲述的案例有涉及技术层的机器视觉、机器听觉、语音识别、语义识别等，重点介绍云天励飞、大象声科、海岸语音和人马互动 4 家企业；涉及应用层的智能光电、智慧金融等，重点介绍矽赫科技、数字动能 2 家企业，还有涉及基础层的、研制智能触觉传感器的钛深科技。

经过近几年的快速发展，目前人工智能的焦点正在从技术突破转向应用落地。党的十九大报告指出："推动互联网、大数据、人工智能和实体经济深度融合。"报告里的"人工智能与实体经济深度融合"正是目前人工智能技术和产业发展的核心。

粤港澳大湾区在电子信息产业方面具有强大的优势，不论是智能硬件，还是软件开发，或者芯片设计，都有数量众多的优秀企业聚焦于此。2017 年，广东人工智能核心产业规模约 260 亿元人民币，约占全国 1/3；机器人及智能制造装备等相关产业规模超 2000 亿元人民币。广东人工智能核心产业及相关产业规模均居全国前列。

未来，粤港澳大湾区应该发挥自身的产业优势，推动人工智能技术的产业化大规模应用，并用人工智能引领粤港澳三地大融合，实现人工智能在三地的全覆盖、全融合、全应用，打造粤港澳大湾区城市产业集群，建设人工智能大湾区。

粤港澳大湾区战略性新兴产业研究

contents 目录

01 云天励飞：
云天"深目"铸就者

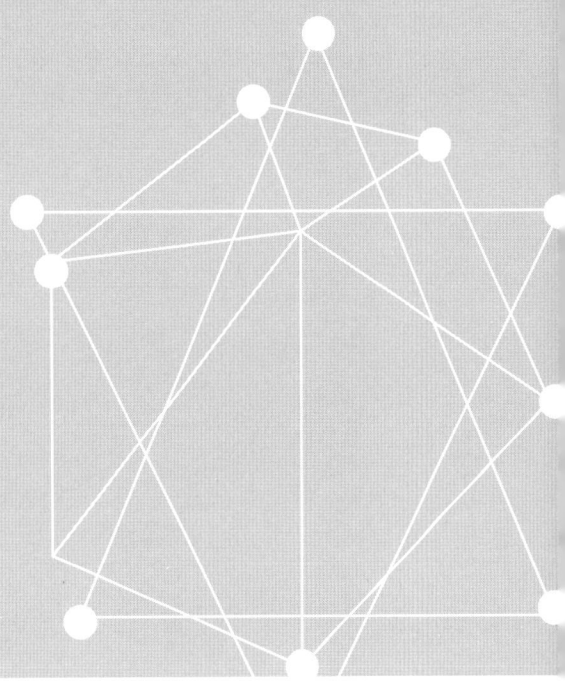

粤港澳大湾区战略性新兴产业研究

云天励飞

企业档案

　　深圳云天励飞技术有限公司（以下简称"云天励飞"）成立于2014年8月，作为人工智能领域的技术创新型企业，云天励飞在全球首创了"云+端"视觉智能技术战略，率先布局了人工智能芯片和数据算法研发。它是一家深圳本土成长起来的人工智能"独角兽"企业，致力于通过人工智能技术赋能百业，打造安全、便利、愉悦的城市环境。

　　云天励飞推出的全球首套动态人像识别系统——云天"深目"，开展大规模人像信息累积、搜索、布控和数据挖掘，实现"亿万人脸、秒级定位"。自2016年1月在深圳市上线后，协助公安破获各类案件数万起，找回200多名失踪儿童和走失老人，并快速复制到中国和东南亚的近100个城市。截至2019年第一季度已经建成在网前端设备30000+路，动态人像数据达200亿+。

　　2018年云天励飞荣获"中国侨界贡献奖"和"广东省高成长中小企业"称号。2018年12月9日，在被誉为"中国智能科学技术最高奖"的吴文俊人工智能科学技术奖颁奖典礼上，云天"深目"获得吴文俊人工智能科技进步奖"企业技术创新工程项目"。

【创业历程】
陈宁：把颠覆性技术打磨成畅销产品

"未来，一定是一个无终端不 AI（人工智能），无 AI 不芯片的时代。"2018 年 4 月 25 日，云天励飞董事长兼 CEO（首席执行官）陈宁宣布，云天励飞自主研发的 AI 芯片将于 2019 年第三季度推向商用，人工智能"独角兽"企业云天励飞必将为"中国芯"贡献宝贵的力量。

如何把一项颠覆性的技术打磨成创造社会价值的产品？这里面有非常大的学问，也是一个系统工程。陈宁带领云天励飞团队打造的云天"深目"，服务了 2018 年博鳌亚洲论坛、上海合作组织青岛峰会等大型国际会议，获得公安部领导的一致认可和好评，并于 2018 年年底荣获吴文俊人工智能科技进步奖"企业技术创新工程项目"。陈宁，这位拥有美国佐治亚理工学院电子工程博士学位的海归创业者，对此有自己独到的见解。

云天励飞获得中国智能科学技术最高奖"吴文俊人工智能科技进步奖"

海归博士鹏城创业

深圳湾美景尽收眼底，大沙河景观带近在咫尺，还有健身房和空中花园的高档配置。云天励飞 2018 年年底刚迁入的位于深圳湾科技生态园区新办公区，就拥有如此怡人的办公环境。

在过去的 4 年多时间，云天励飞从一家默默无闻的微小企业，成长为深圳的"AI 名片"，其中的酸甜苦辣只有创始人陈宁最清楚。

陈宁的履历表显示，他是一位年轻有为的研发型人才：他从美国佐治亚理工学院博士毕业，是中国第一套商用矢量处理器指令集架构设计者；曾任中兴通讯 IC 技术总监、美国飞思卡尔多模终端芯片架构师、4G-LTE（一种 4G 技术）国际标准首席代表；拥有近 30 项已授权国际专利，其中 13 项被苹果公司收购。

陈宁

和陈宁搭档创业的还有他在美国佐治亚理工学院读书时的同学，他们是兴趣相投的好朋友，闲暇之时，他们常常在一起探讨技术问题，围绕电子信息行业未来会往哪个方向发展的话题多次进行辩论。

陈宁回忆说："我们当时会为到底是'处理器芯片的设计决定着电子信息产业发展的节奏'，还是'机器视觉的算法是更为关键的技术，会影响电子信息产业发展趋势'这样的问题产生争论。"而这样的辩论从来没有输赢，只有灵感的火花不断产生。直到 2013 年年底，两人不约而同地看到一个趋势：视觉智能技术发展已经接近大规模应用的临界点。

"我们当时判断人工智能已经到达了一个大规模产业化的拐点，于是决定通过机器学习和新型处理器芯片设计的跨界创新，突破人工智能大规模产业化的瓶颈。这是一个什么样的瓶颈呢？拿 AlphaGo（阿尔法狗）举

云天励飞董事长兼 CEO 陈宁讲解云天励飞产品

例来说，AlphaGo 曾在 2016 年 3 月战胜了李世石，大众认为人工智能已经超越了人类最强的大脑，但是大家没有看到在过去几年的训练过程中，AlphaGo 使用了 1920 个 CPU(中央处理器)和 280 个 GPU(图形处理器)。这么海量的硬件平台只是承载一项围棋比赛，而且它训练过程中单独下一盘围棋的电费就高达上千美元，由此可看出人工智能商用化仍面临诸多障碍。也就是说，以往的硬件设计已经不能满足人工智能海量数据的处理需求。"于是，两个年轻人想到一块儿了，结合各自的优势，通过机器学习和新型处理器芯片设计的跨界创新来突破这个瓶颈。

决心创业的陈宁，毅然辞去中兴通讯（美国）的工作，2014 年 7 月，从美国飞到深圳探路。深圳这座现代化的海滨城市，留给国内外的创业者们的第一印象就是活力四射。陈宁此次深圳之行，不仅感受到她的活力，还感受到她的热情和速度。

陈宁参加了龙岗区在硅谷举办的"硅谷直通车"招商引智活动。活动中，龙岗区领导"用市场换技术，把科研成果转化为好的产品，使其产生经济效益和社会效益"的表态深深打动了他。

很快，云天励飞便在龙岗注册成立了。办理企业营业执照和公章，从申请到办好只用了4个小时，2014年8月27日，云天励飞公司成立。当时，深圳市委组织部和深圳市科协创办的"国际创新驿站"给云天励飞提供了早期孵化的场地优惠服务。

陈宁多次在回答媒体提问"为何选择来深圳创业"的时候，他总喜欢

云天励飞工程施工现场一

云天励飞工程施工现场二

　　说一句话："深圳是中国最适合海归创业的城市，没有之一。"

　　他认为，人工智能技术发展到今天，中国与发达国家其实站在同一起跑线上，现在要进入产业化落地阶段，这就依赖一个活跃的市场环境，而中国如此巨大的市场可以让颠覆式创新技术得到广泛应用，技术与市场碰撞才能诞生有生命力的产品，具有生命力的产品比什么都重要，这是他回国创业的主要动力。而他曾在 2009 年就加入某通信巨头了，主要负责软件无线电多模平台的技术攻关，组建了一支由中美多地专家、骨干组成的国际一流水平的电子信息产品研发、设计团队，于 2011 年推出了全球第一款基于软件定义无线电的 4G-LTE 终端芯片。他坦言，国内有着巨大的市场和发展潜力，而深圳有良好的自然生态环境，也有非常完善的电子信息产业链，在投融资环境方面也走在全国前列，同时还是一座移民城市，有着开放、包容、创新的环境和制度，是一座最适合海归创业的城市。

创业初心是希望"天下无拐"

其实，视觉智能技术可以应用到很多个领域，既可以应用到商业零售，又可以应用到安防领域，或者无人机车船等方向。那么，陈宁的创业起步从哪里开始呢？

谈到当初选择创业方向时，陈宁真诚地说："深圳龙岗分局视频大队负责人曾讲了一句话深深地触动了我们，就是'如果能够把人脸识别做好，可以快速地从视频流里面去定位一个失踪儿童，那以后深圳就不会再有走失的儿童了'。我那时刚看了电影《亲爱的》，同时作为孩子的父亲，由于平时忙于工作很少陪在孩子们身边，我觉得运用视觉智能新技术防止儿童走失，这个创业方向极具社会价值，这位公安民警的话深深触动了我们，我们希望用人工智能技术实现'天下无拐'的梦想。后来，我接触到华为的技术人员，他们也对我们的动态人像识别技术特别感兴趣。华为正在启动一个智慧城市的项目，于是我们就开始了这方面的合作。从 2014 年下半年开始，配合华为和深圳龙岗公安分局，我们打造了这样一款基于动态人像识别和数据分析的天眼系统。"

　　毫不夸张地说，与龙岗公安分局的合作，是云天励飞技术产业化落地的第一步。陈宁清楚地知道，科学家创业，过程同样是很漫长很艰辛的。因为即使是拥有一项颠覆式的创新技术，要变成给用户带来价值的优秀产品，还需要做大量的工作，因为技术与产品之间存在巨大鸿沟，可以说这些创新技术成果还具有不少的局限性、边界条件，所以需要他们做许多完善工作，才能有效地促进技术成果落地产业化。

　　龙岗区有大量的城中村，城中村人员很复杂，各处也装了很多摄像头，但那些都是普通摄像头，不具备人脸识别能力，也没有跟公安系统联通。每次发生各类事件需要调取摄像头时，需要花费大量人力物力，由于防控不到位，各种小偷小摸等治安案件不断发生。

　　面对这样的一种困境，视觉智能技术能解决哪些问题呢？

　　"我们思索如果可以把这些摄像头连接起来，建立一个人像库，实现视频搜索，就可以大大缩短时间和降低人力成本，当时的想法就是除了解决重案要案之外，解决民生问题也是我们思索的一个方向。于是后续就研发了云天'深目'人像智能平台。针对安防行业的产品'深目'要好用，就必须解决摄像头的高度、角度、光线、应用场景等具体的细节问题。2015年夏天，我和团队几乎把龙岗大街小巷都走遍了，我们到各类商超、地铁口、城中村、火车站等地方积累各种视频资料，看技术能做到什么程度，还需要改进哪些地方，有的地方必须用工程师的思维去设计，仅仅把东西交给工程人员去安装肯定不行。"陈宁说。

　　精于细节的完善，才能让整个系统产生预期的效果。只有对各个细节，一个一个地攻克，才能打磨出市场需要的好产品。如今的云天励飞成立了一支前端督导工程师团队，还制定了严格的工作流程，负责监测管理前端视频录制的质量。陈宁坦言，自己每天都会面对各种各样新的挑战，对于行业需求的认知，都是在不断地摸爬滚打、与一线民警的交流中获得的宝贵财富。

创业起步阶段，陈宁除了要脚踏实地去寻找应用场景，解决技术变成好产品的第一步，还要为企业下一步发展筹措资金。但在企业初创阶段，陈宁在融资道路上走得并不顺利，虽然陈宁也见过几位投资商，谈了创业方向是用人工智能技术来做安防产品，投资商纷纷表示很怀疑，对人工智能技术前景判断并不乐观，还认为海归博士做安防产品不靠谱，因为安防行业的市场壁垒极高，想在安防领域创业成功，真是难上加难。

创业初期的 9 个月里，陈宁没有拿到一分钱的投资，早期团队十几个人挤在一间小屋子里，创始人不拿一分钱的工资，自己做自己的"天使"，硬是扛过那段最艰苦的时光。

巧遇天使投资人

说到陈宁遇到的第一位投资人，真可谓"无巧不成书"。那是 2015 年年中，陈宁在一个偶然的机会遇到了知名的天使投资人——徐小平。

在北京举办的"中国与全球化智库"80 人圆桌论坛上，陈宁作为深圳的海归创业代表做了个简短发言，花几分钟介绍了自己的创业方向和技术背景。他简短地介绍说："儿童走失问题事关每一个家庭的安全和幸福，拐卖儿童案件更是备受社会各界以及政府主管部门的关注。相当多的拐卖儿童案件因线索不足难以侦破。我们云天励飞用人工智能技术来解决儿童走失的问题，协助公安机关解决'打拐'的难点。"

论坛茶歇时间，一位身材胖胖、面容和善的中年男子走到陈宁身边，微笑着说："用新技术来寻找失踪儿童的想法非常有价值，我还认识《亲爱的》导演陈可辛，我很有兴趣投资你们这个项目！"陈宁没想到在这里遇到了投资界的知音，二人相谈甚欢，甚至错过了下半场论坛。

"那个时候，我们产品还没做出来，商业合同也没有签到手。徐小平先生真的是有情怀的天使投资人，一下就相中了我们。一个星期后，我们就签署了投资协议；又过一星期，徐小平的真格投资给予云天励飞数百万元的投资款到位。"陈宁激动地说。

从这时开始，幸运之神就频频光顾云天励飞了。龙岗区政府引导资金也跟"真格"一起投资，又一笔数百万元资金到位。2015年8月，云天励飞的"视觉智能和机器学习处理器创新与产业化"团队获得4000万元人民币资金支持，为企业发展注入了强劲动力。

"从我们知道获得资金支持，到4000万元人民币资金一分不差全部到账，前后不到3个月。"陈宁由衷地说，深圳有公开的政策支持和透明的申请流程，而且落实到位，这对初创企业来说支持力度非常大。

陈宁表示，4000万元人民币资金支持和品牌效应，让公司和产品都跨上了一个新台阶。比如，深圳出入境检验检疫局相关负责人看到媒体对云天励飞的报道后，主动与其联系并促成合作，将人工智能技术与深圳检验检疫局的出入境业务进行融合创新，助力"智慧口岸"建设，如今基于人脸识别的智能红外体温监测系统已在深圳湾口岸上线应用，发挥了巨大的作用。

云天励飞 AI 芯片

让陈宁印象深刻的是，不论是公安、检验检疫部门还是科技主管部门，深圳公务员中高素质人才比重较大，不乏国内外知名高校毕业的高才生，而且对于新技术有兴趣、爱学习，与他们沟通人工智能、大数据等话题也相对轻松，可以挖掘不同部门对人工智能技术的需求。"深圳的公务员渴望有所创新、有所突破，相对于内地其他城市，深圳政府层面对风险有更大的包容性。"

研发方向确定了，资金到位了，陈宁就着手组建一支志同道合的团队，通过工匠精神，把颠覆式创新的技术，打磨成一款款

云天励飞芯片模型图

创造社会价值的优秀产品。陈宁曾对媒体记者说："我们不是简单地进行技术创新，最核心的目标是用产品创造社会价值。我们聚焦在公共安全，这一件事情就做了4年多，这也是我们不断被市场认可的原因。"

陈宁认为创业目标尤为重要，人才是最核心的资源，而人才也是靠目标凝聚在一起的。创业目标只有是去创造有社会价值的事情，这个目标才是可持续的，也才能给企业带来商业价值的回报。云天励飞正是遵循了这样一个法则，把公司定位为让智能无处不在，用视觉智能新技术让犯罪行为无所遁形，给人们一个更安全稳定的生活环境，这样一个创业目标非常有社会价值，也吸引了一大批优秀的人才加盟云天励飞。2017 年年底，前 Snap 研究院创始人之一的王孝宇博士宣布加盟云天励飞，担任首席科学家，他加盟后的第一要务就是对算法和大数据进行进一步规划，要让 AI 能够更直接地为传统行业赋能。

截至 2019 年第一季度，云天励飞已经拥有近 800 人的高层次人才队伍，共同打磨视觉芯片和智能解决方案，希望为平安城市、智慧商业、无人机船车、机器人和智能制造等行业做出更大的贡献。高端研发人才的聚集，为云天励飞带来丰硕的科研成果，目前云天励飞拥有高质量中国技术专利近 500 项（包括正在申请中的专利），其中发明专利占比超 80%，核心成员作为发明人的已授权美国技术专利 50 余项。

云天"深目"横空出世

"过去的视频监控，是 1.0 时代的技术，主要依靠人工监控，比如案件发生后，需要大量人力去调取视频录像回溯，查找几个星期，而且还可能发生误差，如今进入 2.0 时代，就通过深度学习算法，可以很快从海量信息中查找蛛丝马迹。过去几十个人要花几个星期查找的工作量，我们研制的'深目'一秒钟就可以完成，准确率是过去的 10 倍以上。"陈宁解释道，"传统安防行业痼疾很多，海量视频数据大多荒废，视频信息检索困难，拥有 AI 高效检索技术的'深目'横空出世，必然给传统安防行业带来本质变化。"

据介绍，云天励飞团队采取的是"端到云"的技术路线，采用分布式计算法，每个摄像头前端安装 AI 芯片，实时进行本地化的预处理，云端只需要高速处理压缩后的特征化技术值，这就大大提高了处理速度。

陈宁说："天眼系统的核心是一个人工智能处理器的芯片。我们创业的核心就是面向人工智能的深度学习神经网络，去从头设计一个处理器的芯片。"

"一个芯片团队需要 10 ～ 15 个子团队，每一天的磨合交流需要 10 ～ 15 个步骤。"陈宁介绍，从算法、系统架构、硬件架构、硬件验证、软件架构设计、软件的开发、集成的测试到芯片的后端设计等，做 AI 芯片有一系列非常复杂的步骤。另外，还要设计芯片硬件语言，再把这些硬件语言放到一个硅片上，看最终输出结果怎么样，电路线怎么走，尤其是针对几十亿几百亿的电路怎么布局……设计完了之后还要跟芯片的代工厂商沟通，要知道这里面有什么内容，需要补充什么内容。产品出来之后，还要抽样测试芯片的良品率和功能点，再返回到研发团队，最后还要做外场测试。

陈宁说："整个流程走下来，如果算法团队只是搞纯算法的，对硬件、芯片没概念，这个芯片也是搞不好的。而且，人工智能是一个全新领域，目前全球的深度学习同时有芯片概念的屈指可数。要有跨界的思维和十几个团队长期的磨合，才有可能造出来一个高效率的 AI 芯片。同时，如果你只懂芯片的指令集、架构，完全不理解算法，不理解应用场景，设计出来的芯片肯定是一个块头很大、功耗很高、成本昂贵的芯片。如果没有商用化芯片的经验，上去就来做芯片，基本上几十上百人的团队要先交 5 年学费。"

　　那么，如何尽可能地避免芯片设计中可能出现的问题？云天励飞对研发步骤做了科学的规划，同时对产品应用现场做需求调研分析，用匠心来仔细打磨产品。研发步骤上，第一代自主知识产权人工智能处理器基于FPGA（英文 Field-Programmable Gate Array 首字母缩写，意为"现场可编程门阵列"）硬件平台实现产品化，提升产品核心竞争力的同时，完成云天励飞芯片方案的选型验证和算法性能的测试；第二代自主知识产权人工智能处理器芯片，基于第一代处理器 FPGA 的产品化和测试积累，完成芯片的研发、流片和量产交付。"'算法 + 芯片 + 数据'的闭环生态是我们的核心竞争力，是我们企业的护城河，我们是国内唯一一家同时拥有算法、芯片和数据三个要素的公司。"陈宁自豪地说。

　　具体说来，"AI 算法平台"具备领先的人脸识别及 Person Re-ID（Person Re-Identification，即"行人重识别"）技术，首创基于强化学习的图片选优技术，独创模型量化训练平台，具备人脸属性分析、人体分析、车辆检测 / 识别、车牌识别、手势识别、姿态识别、知识图谱等技术。

　　"芯片平台"基于 ASIP（Application Specified Instruction Processor，即"专用定制指令集处理器"）处理器架构、国内首创 Near Memory Compute（近存储计算）设计，深度定制超过 100 条 AI 指令集，高能耗比、高算法执行效率，具备一键式工具链，灵活编程。云天励飞第二代自主产权人工智能芯片于 2018 年 10 月正式流片[1]成功，已完成算法加载运行。

―――――――

1　流片就是指像流水线一样通过一系列工艺步骤制造芯片。

"大数据平台"采用独创 AIDB（AI database，AI 数据库）技术以及自研私有云平台，可支持极速搜索、高效时空数据挖掘、分布式数据标注技术、主动学习数据获取，实现应用一体化 AutoML（Auto Machine Learning，自动机器学习），企业一站式 AI 应用。

经过一年半时间的精心"打磨"，云天励飞 2016 年研发出的第一代基于人脸识别和视频大数据的视觉智能系统云天"深目"在龙岗区上线，实现了全球首创"亿万人脸、秒级定位"。以往为了定位一个犯罪嫌疑人，人工检索需要几天甚至几周，现在通过云天"深目"在 1 秒内能精准完成，且目标的行动轨迹一目了然。

上榜粤港澳大湾区独角兽企业

云天"深目"产品扬名国内外，也迅速成了投资界的宠儿。2016 年下半年，深投控领投，松禾资本跟投，云天励飞获得数千万美元注资，公司估值数亿美元。2017 年 10 月，云天励飞顺利完成了 A+ 轮的融资，这次融资数亿元人民币，中国电子集团成为最大的机构股东。2018 年，又有数亿美元的投资注入企业。截至 2019 年 3 月底，云天励飞的 B 轮融资已关闭。

陈宁目光深邃地说："我们花了一年半时间精心打磨产品，产品真正做好了，产生了良好的社会价值，资金其实也不用发愁了。如果要说创业过程中感到幸福或者快乐的事情，我想我们产品创造的这些社会价值给了我们最大的快乐。我们就是希望在这样一个人工智能技术逐步成熟的过程中，能够把这些未来的技术应用在一款一款的产品里面，去解决人类在安全、便利、愉悦这三个层面的一些基本诉求，创造一个平安的城市生活环境。"

截至 2019 年第一季度，云天励飞已经实现在网前端设备 30000+路，其中深圳片区在网前端设备 20000+路，捕捉动态人像数据 200+亿，并且每天以 2200 万张的速度在增加。2016 年，云天励飞在线数据量达 3000 万，经过两年时间的发展，云天励飞动态人像数据量增长了超过 300 倍，目前数据仍以每日千万的量级在增长。

目前，云天励飞已成长为国内 AI 芯片"四小龙"之一，业内有"天寒地鉴"（云天励飞、寒武纪、地平线、深鉴科技）之说。各种荣誉接踵而来，云天励飞申报的项目成功入选工信部 2018 年人工智能与实体经济深度融

云天励飞智能前端落地应用

合创新项目，被评为"2018 年中国硬科技领域创星企业 50 强"，上榜"粤港澳大湾区独角兽企业名单"等。

　　未来，云天励飞将持续扩大"动态人像识别的领导者"的引领作用，发展成为具有全球影响力的人工智能领军企业，全面开辟人工智能产业化应用新时代。云天励飞将以动态人像为核心，持续推动视觉智能领域识别算法优化，加快高性能人工智能芯片研发，全面构建起具有信息快速获取能力和深度数据挖掘能力的高精度视觉智能系统，重点面向"AI+ 新警务""AI+ 新商业"等领域，打造高效整合、持续创新的 AI 产业生态，建成覆盖多领域产业化应用的集团企业。

【专家眺望】
用人工智能打造安全便利的生活

　　第二十届高交会于 2018 年 11 月在深圳举行，云天励飞高级副总裁郑文先出席了高交会的一个重要活动——"未来科技峰会"。他在演讲中介绍，云天"深目"动态识别系统在深圳的应用，把深圳变成了全球最安全的城区。来自龙岗公安分局的年度报告显示，2016 年、2017 年龙岗区运用这个系统之后，"两抢两盗"的犯案率下降 50%，过去龙岗区治安环境非常复杂，通过这两年的管理，在平安城市各项分数上在整个深圳市排名第一，这个系统将深圳打造成了全球 AI 平安城市的示范区。

自创业之初，陈宁就拥有这样一个梦想：释放机器视觉的能量，赋予万物"智慧之眼"，突破人类视野的局限，通过人工智能赋能百业，打造安全、便利、愉悦的生活环境。

芯片：城市大脑的 AI 触角

在好莱坞的科幻大片里面，我们曾看到过这样的一套功能强大的追踪系统：它可以调动全球的视频监控资源，对人或物进行精准的轨迹查询，对犯罪分子秒级锁定。

云天励飞在 4 年多时间里，把这套神奇的追踪系统带到现实生活中，在深圳打造了一套云天的"深目"系统，该系统已成了全球最大的动态人像数据系统。在今天的深圳机场、地铁、公交，以及深圳的 10 个区，均在城市级别上拉通了动态人像数据，通过前端 3 万多个具备人脸抓拍的摄像头形成了一个真正意义上的城市级的人工智能安防体系，通过前端摄像头在动态人像系统上沉淀了 200 亿＋张人像数据，也是全球最大的动态人像数据库。基于数量的分析和沉淀，云天励飞也协助公安机关在 4 年中破获数万起案件，找回了 200 多名失踪儿童和走失老人。云天励飞在深圳发展的短短几年里，不仅创造了经济价值，而且创造了巨大的社会价值。

郑文先说："我们打造这个强大的生物系统背后，是依靠云天励飞自主研发的专用深度学习神经网络处理器芯片，而芯片恰恰就是城市大脑的 AI

触角。"

云天励飞 AI 芯片采用 ASIP 设计思路，提供 ASIP 级别高性能和低功耗，同时采取异构计算多核 SOC 架构，集成多处理器单元，并行分布式处理与集中控制系统。

2018 年 10 月，云天励飞第二代自主知识产权的人工智能芯片成功流片，采用业界领先的 22nm 工艺，工艺的性能、功耗、面积经过仿真、分析、比对，对比业界主流的 28nm 工艺，性能提升约 10%，功耗降低约 15%，面积减小 15% ~ 20%，除具备高能低耗的优势外，还能实现可编程，远程一键升级，更加适用于在人工智能时代各个场景的应用。

郑文先介绍道："云天励飞 AI 芯片的技术路线是通过设计一系列面向多层神经网络的可编程处理器，应对人工智能算法的快速迭代。其首创的'自适应云 + 端' AI 系统架构，可通过云端逻辑控制终端芯片，自动更新终端芯片的算法和功能。云天励飞将通过模式创新，打造一个开放赋能的芯片平台。2025 年，云天励飞将让 1 亿摄像头拥有'AI 芯'，走一条'算法 + 芯片 + 数据 + 应用 + 服务'、提供端到端整体解决方案的路线：将算法植入前端的智能摄像头，进行人像检测、特征值提取，数据上传到云端，由云端引擎进行搜索、识别和决策。"

"深目"发威彰显安防效果

过去两年，安防领域一直被认为是人工智能技术落地最好的行业之一，也顺理成章成为落地首选。AI技术具有天然在安防行业落地的场景、需求和应用。一方面是安防行业超过一半的应用与视频监控相关，而人工智能领域的视觉智能与视频监控殊途同归，在大数据的积累、算法和算力大幅提升的基础上，解决了一直存在对视频数据进行智能分析的强需求和效率低的问题。另一方面，以视频技术为核心的安防行业拥有海量的数据来源，可以充分满足人工智能对于算法模型训练的要求。

凭借一股执着的"工匠精神"，云天励飞在强敌环伺的安防市场稳扎稳打，开拓了一方新天地，云天"深目"系统已经成为中国安防领域赫赫有名的AI产品，很好地诠释了公安部门"向科技要警力"的理念。

郑文先透露，云天"深目"系统基于海量动态场景的深度学习算法，通过机器学习平台，不断地改进学习，可以有效解决开放场景下低头、侧脸、逆光和戴眼镜或戴帽子部分遮挡等问题，提高动态人脸识别准确率，做到人像捕捉又快又准，协助警方侦破刑事案件并寻回多名走失人员。

2017年春节前夕，深圳龙岗区派出所接到报警，一个三岁孩子走失了，怀疑被人拐卖。接案后，该区域刑警大队组成专案组开展侦查，运用人像识别、人脸比对等技术排查比对，迅速锁定嫌疑人身份，研判出其最新行动轨迹，确定该嫌疑人正携带被拐卖小孩搭乘火车前往湖北途中。随后，公安民警马上和铁路部门取得联系，对该名嫌疑人进行布控。2017年1月27日凌晨6时，公安部门在武汉武昌火车站将犯罪嫌疑人抓获，并解救出被拐卖小孩。随后民警搭乘最早的航班，把嫌疑人押解回深圳，并将被拐的小孩平安地交回其父母手里。从接到报警到成功解救被拐小孩，不超过

15个小时。该案件成功地迅速侦破，让被拐小孩安全回到温暖的家，让受害者家庭在除夕前得以团圆。中央电视台《今日说法》栏目在2017年3月对此案的来龙去脉进行了详尽的采访和报道。基于动态人像识别技术的云天励飞视觉智能"深目"系统，对本案的侦破起到了重大的作用，大幅提升了公安系统的案件侦破效能。

深圳龙岗区警方曾破获这样一起受公安部嘉奖的案件：龙岗区派出所民警发现其辖区内有个小伙子很奇怪，七进七出派出所，每次偷一辆自行车，价值200元，被抓到经教育再释放后，他又去继续偷车，警察对此很是无奈。警察想到了人工智能——利用动态人脸识别原理，设计了"一人一档动态人脸识别系统"。通过对偷自行车的人的技术数据挖掘，把这个嫌疑人作为这个档案库的第一条记录放进去进行跟踪。两天后，发现他又骑着一辆新的自行车，这次民警不再对其进行抓捕或者询问，而是在系统里面通过动态人像系统进行自动跟踪。第二天，他骑到了一个修车铺，把车卖给了修车人员。经过民警的研判，这个修车人员很有可能是销赃者。销赃者的人像被录入系统，作为系统的第二条记录，进行自动的监控和监管。视频监控发现，又有另外一个人骑车到同一个修车铺，把车卖给了修车人员。警察判断，这个人也有可能是区域内的偷窃自行车的人员，于是将这个人作为第三条记录纳入系统。就这样，在"一人一档"系统帮助下，积累了几个月的数据，经过串案、并案，公安人员在这个区域收网，一举抓获了该区域内跟偷自行车和销赃相关的318人。

郑文先介绍道："在这个案件中，起到关键作用的就是'一人一档动态人脸识别系统'。因为他们不是一个犯罪团伙，他们只是跟偷自行车和销赃相关的一种松散的社会关系，被这套功能强大的 AI 系统挖掘出来。像这类的社会治安顽疾就被先进的人工智能技术轻易地解决了，过去我们是不敢想象的。"

郑文先语气中不无自豪地说："我们现场做技术支持的工程师有非常强烈的社会荣誉感，包括我们整个公司和团队都感觉非常自豪。其实，我们每天都在经历着类似的事情。云天'深目'支持集群扩展和跨区域联动，快速打造了'基于人工智能的安全示范区'的全国样板。该系统全面启用后，协助警方破获了多起案件，并寻回多名走失儿童和老人，并且这些案例和数字每天都在不断增加。"

深圳交警于 2017 年 4 月上线首套云天励飞行人闯红灯取证系统以来，单路口闯红灯违规行为从每日 1000+ 次下降到每日 80 次，有效地规范了行人出行习惯，减少了交通事故的发生。

由此可见，视频监控系统已成为"平安城市"的关键，但现有视频监控系统面临"事前不知道、事中来不及、事后找不到"的尴尬局面，一个好的视觉智能系统要让计算机不仅看到，并且能"看懂"，这是实现真正"平安城市"的核心，云天"深目"系统恰恰解决了这个需求痛点，得到市场的高度认可。

如今，视觉智能系统云天"深目"不仅落户龙岗，而且在深圳其他行政区、机场、公交、地铁等得到大规模启用。运用这个系统，几秒之内，就可以在百万人的区域内搜索出某个嫌疑人长达两年的历史轨迹。

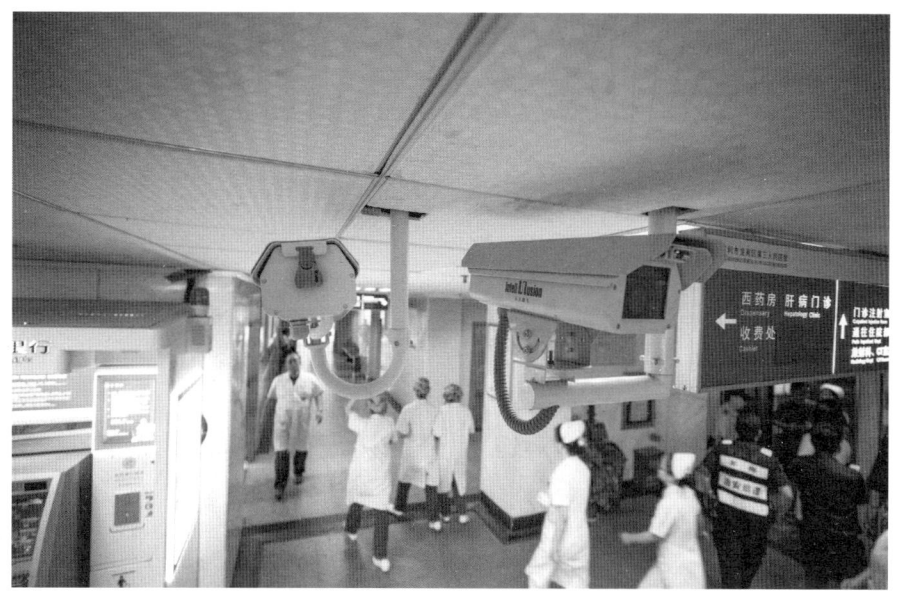

云天"深目"系统在医院的应用

　　不仅在深圳，此套系统也已经在北京、浙江、新疆、云南、河南、河北等中国 30 多个省区市、80 多个城市以及东南亚国家落地，并成功服务了 2016 杭州 G20 峰会西湖核心安保圈、全国"双创周"深圳主会场、乌镇互联网大会、2017 年高交会、2018 年博鳌亚洲论坛、上海合作组织青岛峰会以及首届"进博会"等，真正实现了"向科技要警力"的目标，让云天励飞为更多人所熟知。港珠澳大桥智能通关系统，借助云天励飞的智能视觉系统，实现了无感知人车信息秒级验证、无感知快速定位异常旅客，在保障出入境安全的前提下，极大地提高了通关速度。云天"深目"也先后受到中央电视台、新华社、中国日报、人民日报、南方日报、深圳卫视、深圳特区报等多家媒体报道。可以说，这款产品的社会价值已广为人知。

借助高科技"天眼"系统的力量，云天"深目"动态人像识别系统将让犯罪行为无所遁形，能够将深圳打造成为全中国乃至全世界最安全的城市。

AI 技术成就"新商业"梦想

有关专家指出，人工智能本身是一门辅助决策的技术，需要将行业应用与业务相结合，才能体现其价值。过去几年，中国人工智能的发展在政策、资本、技术的支持下，经历了突飞猛进的发展。现阶段，产品的落地能力已经成为衡量人工智能行业、企业发展的重要条件。

郑文先介绍，人工智能除了在安防领域的应用之外，亟须找到新的落地场景，这个场景之一就是人工智能与传统商业地产结合。

他分析指出，一方面，两者的视觉产品架构相似，本质上都是对人线下行为的分析和建模。当前智能安防产品更多集中在解决客户问题层面，重心是客户需求驱动技术发展。而一款具有划时代意义的产品，则是由技术驱动整个行业，而非被行业客户牵着走。未来在零售场景，AI 企业将会拥有绝对话语权。另一方面，云天励飞在人像数据方面积累了 200 亿 + 动态人像数据，"深目"系统已经可以做到亿万人脸秒级定位，算法模型已经非常成熟，这些可以直接移植到新商业中。也就是说，如果场景相似、技术已经具备，落地就水到渠成了。

云天"深目"系统在商场的应用

　　传统零售积累了海量数据，其中包含了大量顾客信息、购物信息、商品受欢迎度、商场环境等，但线下数据无法转化，云天励飞运用人像识别、机器学习、搜索挖掘等 AI 技术消除数据孤岛，主动吸取并转换为结构化数据，针对大型商超、品牌连锁、便利店等商业场景，围绕"人""货""场"中的"人"打造客户管理、流量分析、购买转化促进、安保快速预警、商超提前防损等，使用户获得场景体验式消费，用大数据改变传统商铺、商场的运营逻辑。

　　"惯偷"如果进了商场，保安就可以实时收到短信提醒，能够及时采取措施，让小偷盗窃行为不能得逞。这样一款智慧防盗的产品被云天励飞开发出来，实践证明效果奇好。这就是针对智慧商业的商超防损子系统，通过动态人像识别协助商业场所防止外盗等财产损失。比如，深圳龙岗一家超市使用该系统，将惯偷数据录入系统，这些人一旦再次光顾就会自动报警，系统启用第一周就发出几十次有效报警。第一次报警时，两名偷盗者当场被捉住。系统上线3个月，惯偷即从原每月40人，降为0，每年可以为大型商超节省近百万元外盗损失。

走进深圳印力中心，有一款印像屏立在醒目的地方，消费者纷纷被印像屏里的互动视觉游戏所吸引，而印像屏背后的人工智能平台根据人们的衣着、表情、动作等可以识别人们的消费能力、风格偏好，从而进行精准的店铺或品牌推荐，并且精准地发放优惠券。这是云天励飞在新商业领域布局的一个新举措。

早在2018年2月，云天励飞与中国领先的商业地产投资、开发及运营商——印力集团联合发起成立了深圳印像数据科技有限公司（以下简称"印像数据"），并于2018年12月在深圳印力中心实现产品落地。

云天励飞为何选择与印力集团联手？郑文先介绍，根据"2018中国商业房地产百强研究发布会高峰论坛"发布的最新的中国商业百强企业榜单，万科印力排名第六。2018年3月，印力集团就与盒马签订了"新零售"战略合作协议，继续推进新零售。作为全国领先的商业地产，印力集团一直不遗余力地在"新零售"的道路上进行探索，为双方提供了潜在的合作基础。脱胎于互联网、在线上线下都蓬勃发展的"新零售"，在给传统社区商业地产带来流量和生机的同时，还能从协同网上网下消费、对接商家和消费者需求、提升店面空间利用效率三方面解决过去社区商业中存在的痛点和顽疾，给传统社区商业地产的整合运营带来新方向。

根据前期规划，印像数据的产品"印像智慧商业平台"以行业首创的"端＋屏＋云"商业 AI 系统，通过全渠道多触点，提供给消费者丰富、便利的人机交互体验，并与消费者保持跨越时间、空间的连接，赋能实体商业，共建颠覆想象的未来商业形态。2018 年 12 月 22 日，作为印像智慧商业平台的终端产品，印像屏在深圳印力中心正式落地，4 天庆祝活动期间，总计 1.2 万人参与了印像 AI 互动，其中 97.6% 的消费者通过刷脸的方式和印像屏进行交互，并抽取优惠券。

郑文先揭秘了印像屏的神奇之处："印像屏上有视觉互动的游戏，给消费者留下深刻的视觉冲击。由于是有针对性地给消费者发放优惠券，优惠券核销率高达 71.82%，而过去一般的门店卡券核销率在 8‰ 左右，这个数据意味着撬动了超七成的消费者产生消费。这样一来，店铺就有意愿到印像屏上投放商业广告了，这个则有效地构成了一种全新的商业模式。"

倾力锻造"AI 城市大脑"

如今，云天励飞通过"算法＋数据＋芯片＋应用＋服务"五位一体端到端能力，倾力锻造"AI 城市大脑"，通过城市大脑海量数据赋能新警务，赋能新零售，赋能新治理。郑文先透露："未来我们会在除了摄像头领域外，还有门禁、闸机、机器人、传感器等领域，赋能 AIoT[1] 的产业终端，实现物理世界的结构化。"

云天励飞将"一人一档"作为业务基线，用拳头产品"深目"系统在公交、边检、社区、校园、工地、医院等场景深耕，实现了在智慧交通、智慧社区、智慧校园、智慧工地、智慧医院等领域的成熟应用。

——从校园出入口控制，改造传统的校园出入体验，引领校园安防监控进入"看脸"时代，有效地提高校园治安管理水平，为校园安全带来全新的技术变革。

——针对保障工地安全的需求，以人脸识别为核心，辅以车牌识别和安全帽定位，为工地提供进出口识别身份是否合法以及其他安全服务，实现智能化控制人员进出工地、安全作业规范、布控黑名单用户、监控工地附近情况等，降低工地财产损失和生产安全风险。

——智慧社区里，以人像识别、属性分析、大数据挖掘为依托，通过对个体信息归档分析，实现高效有序的人员管理及趋势预判，提升社区治理和社区管理现代化，促进公共服务和便民利民服务智能化。

——在医院里，通过对进口及过道布设人脸采集摄像头，一旦"脸熟"的"号贩子""医闹"等可疑人员出现，报警系统会立即启动，医院安保人员将联合公安执法部门进行处理，确保医院秩序良好。

——在某一品牌专卖店，通过安装人脸采集摄像头，对于顾客留恋商品的目光进行搜集判断。如果顾客停留几秒仍犹豫，并没有购买该款商品，

1　AIoT 即 AI+IoT 的简称，是指人工智能与物联网在实际应用中的落地融合。

下次该商品降价时，顾客可以第一时间收到降价的短信通知。如此贴心的服务其实也是云天智慧视觉系统在幕后发挥效用。

············

这是一项神奇的技术，在我们生活中无时无刻不发挥着重要作用，带给我们更安全、更便利、更愉悦的生活体验。

郑文先展望未来时说："未来我们通过城市 AI 大脑的建设，要实现对物理世界信息的结构化，通过深度学习，通过人工智能的算法，把我们在物理世界以人为核心的方方面面的完整信息数据挖掘出来，从而辅助决策。同时，建设 AI 城市大脑的工作是一个很宏大的愿景，我们也希望跟产业界的朋友们一起打造开放、共赢、协同的人工智能生态圈。粤港澳大湾区的建设也为人工智能企业带来了重大利好，未来希望能打破城市之间的数据孤岛，打造粤港澳大湾区 AI 开放赋能平台和交流平台，用人工智能技术把粤港澳大湾区建设成全球最安全、最便利、最愉悦的湾区。"

（注：云天励飞公司接受采访时间为 2019 年 4 月。）

02 矽赫科技：
精研太赫兹智能
光电的弄潮儿

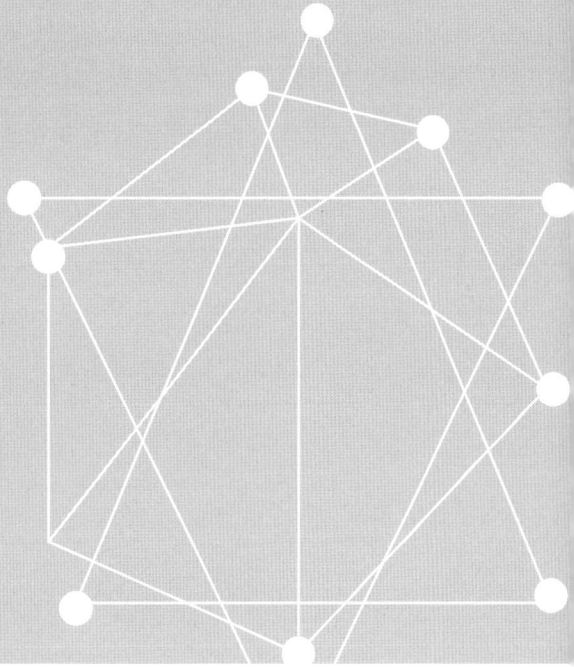

粤港澳大湾区战略性新兴产业研究

矽赫科技

深圳市矽赫科技有限公司（以下简称"矽赫科技"）是一家致力于提供全球领先的智能光电感知产品和服务的创新技术企业。矽赫科技由美国硅谷海归团队创立，团队包括美国、中国香港、新加坡等地的前沿光电和人工智能领域专家，核心成员均毕业于海内外著名院校，多人曾任职于美国前沿科技研究机构及Google（谷歌）、京东等世界知名企业。公司总部位于中国，在深圳南山区设立研发与运营中心。

矽赫科技科研团队长期从事太赫兹技术、激光传感、AI引擎智能边缘计算、全息提取、深度神经网络、多维度监测、超高频半导体材料以及断层成像等前沿技术领域的研发，已掌握多项关键技术，并取得专利42项，同时多项海内外专利正在申请。另外，团队成员获得多所高校、科研机构、世界500强企业等科研奖项共26个，核心成员受邀参与重要国际学术会议作主题报告25个，累计发表国际论文62篇。

矽赫科技凭借核心团队多年的科研沉淀以及独一无二的国际前沿技术优势，正在加大投入进行技术商业化转换。矽赫科技聚焦安防、车载、工业检测、医学等应用领域，尤其在智能电子装备等先进技术领域，为其提供前沿光电技术支持，为新兴技术产业赋能。

矽赫科技围绕智能光电感知，建立了以太赫兹技术、激光传感、人工智能等为核心的产销研一体化经营体系，并以此为基础，在智能光电这一尖端科技领域占据一席之地。

【创业历程】
洪鹏达：向太赫兹智能光电进军

矽赫科技首席执行官洪鹏达是一位非常务实的"80后"创业者。作为一名留学美国的海归博士，他在创业这件事情上事必躬亲，非常接地气。

在创业方向上，他瞄准的是被美国评为"改变未来世界的十大技术"之一的太赫兹技术，其前沿性注定了产业化路途是漫长而艰巨的，但他聚焦在太赫兹技术对传统产业赋能的方向上，首先在安防、物流等产业寻找到应用落地场景，譬如在物流行业为客户解决"不开箱检测"的问题，以支持快速物流，实现效率提升。矽赫科技团队在 2019 年 9 月 4 日到 7 日举办的中国国际光电博览会上展出一系列智能光电新品：太赫兹安检仪、车载雷达、光纤感知器件和系统等。

留美博士深耕前沿光电科技

　　洪鹏达的经历展现了他扎实的产学研基础：在香港大学全奖攻读完成硕士学位后，赴美深造，在美国里海大学取得电机工程博士学位，攻读博士期间连续获得里海大学最高等级的全额奖学金。博士毕业后加入美国硅谷光电企业，主要从事前沿光电研究。其在海外工作期间，专注从事前沿光电技术的研发，取得了多项技术突破，积累了深厚的学术及产业经验，曾是 20 余个国际会议委员会的成员，5 次担任国际会议分会主席，5 次做国际会议特邀报告，并担任 20 余个国际著名杂志同行评审，累计申请海内外专利 40 余项。

　　在海外工作期间，洪鹏达为从事最前沿的太赫兹光电技术研究而感到兴奋。他说："太赫兹辐射是 $0.1 \sim 10\mathrm{THz}^{1}$ 的电磁辐射，

洪鹏达

1　波动频率单位之一，等于 1012Hz（Tera Hertz）。

在电磁频谱上，太赫兹波段两侧的红外和微波技术已经相对成熟，虽然太赫兹技术拥有强大的技术优势特性，但是目前对于该波段的研究还比较匮乏。太赫兹技术的关键突破可以从两个方向进行：一是光学理论和实践，二是微波和固态电子的发展。"

太赫兹技术被美国评为"改变未来世界的十大技术"之一，被日本列为"国家支柱十大重点战略目标"之首。由于太赫兹波段处于电子学与光子学的交叉过渡区域，理论研究和制造工艺上存在难点，所以在 20 世纪 90 年代以前，这一频段的研究一直局限在少数高等研究所内，其产业发展

矽赫科技在 2019 年中国国际光电博览会上展示智能光电产品

一度滞后,也因此被称为"太赫兹间隙（Tera Hertz Gap）"。21 世纪以来,欧美日等国家和地区的太赫兹研究越发活跃,太赫兹系统在半导体材料的性质研究及检测、断层成像、生物检查、物品安检以及高速通信等许多领域产生了越来越广泛深入的技术开发和应用。

洪鹏达看到了在前沿科技尤其是光电技术和人工智能底层技术领域,欧美在理念及工程实践上要超前很多,在光电设计、基础算法、光器件和底层技术的精密加工等方面,我们国家还有很长的路要走。另一方面,光电产业在各行各业都发挥了非常重要的作用。以前的光电产业比较偏向传统,近年来,随着自动驾驶 ADAS[1]、AR[2]、VR[3] 的兴起,光电产业呈现出强大的爆发力,特别是人工智能底层算法、光电技术的器件设计与加工、应用场景等方面都呈现新的特点,前沿光电与人工智能的进一步结合将会带来变革性技术,对未来的无人驾驶、安防、医疗等很多产业都将产生深刻的影响。洪鹏达看到了差距,更看到了蕴藏在其中的巨大机遇,内心深处一直涌动着回国创业的念头。

近两年,国家对高精尖科技越发重视,对光电产业出台了针对性的政策指示,政策的支持使得光电行业出现了巨大的市场机遇,这些举措对于我国前沿科技的发展、缩小与国际的差距非常有利。因此,基于个人学术基础与经验,并顺应智能光电产业发展趋势,洪鹏达把创业的梦想落地在粤港澳大湾区,同时吸引全球顶尖的太赫兹和人工智能算法科学家与工程

1　高级驾驶辅助系统（Advanced Driver Assistance System）。

2　增强现实（Augmented Reality）。

3　虚拟现实（Virtual Reality）。

师加入创业团队，在前沿科技和产业落地方面占据技术资源和地区优势，以推动产业发展，让太赫兹技术服务于国家和社会。

兄弟俩携手鹏城创业

大洋彼岸，洪鹏辉与在美国深造和工作的弟弟洪鹏达一直有着密切的联系。洪鹏辉曾任职于多家高科技公司，拥有13年硬件研发经验，涉及通信、车载、安防等产业，积累了丰富的精密设备、通信产品商业化落地的管理

洪鹏辉

经验。

"我和哥哥进行了很长一段时间的越洋沟通，他对这项有巨大潜力改变行业结构的前沿技术非常感兴趣，并对我想在智能光电领域创业的想法十分支持。"洪鹏达愉快地说，"鹏辉在硬件和产品方面拥有丰富的行业经验，具有产品研发到量产的全周期管理经验，十分熟悉一项技术成果如何从开始到落地的整体进程，能够精确把控项目交付及研发过程的管控，并具备解决产品生命周期关键性问题的管理经验。这类实操产业化经验十分宝贵，可以大大减少新创企业的试错成本，对我们的创业是一个强劲助力。"

洪鹏达准备回国发展前，对智能光电产业有深刻的思考。人工智能是下一个增量市场，而前沿光电和互联网、人工智能的融合会是一个很有前景的结合点，技术互补在未来市场竞争中会占据一定优势。洪鹏达非常重视人工智能技术，矽赫科技自成立起吸引了海内外人工智能算法和智能控制方面的优秀工程师加入，拥有机器学习和分布式计算的项目研发能力，具备多个大型成功项目的设计、落地以及运维经验。

2017 年 7 月，洪鹏达在深圳市留学生创业园租用了 140 平方米的办公场地，创办了矽赫科技。辞去工作的洪鹏辉担任 COO（首席运营官），几个核心成员把个人积蓄投入矽赫科技，这家致力于太赫兹技术研发与应用的留学生企业在深圳启航了。一位海归学子回国创业，刚开始接触国内市场时多有陌生感。不论是企业发展战略、技术方向、资金筹措，还是人员招聘、管理问题、税务问题，作为企业的掌舵人方方面面都要了解，而且再苦再难都只能坚持往前走。对洪鹏达来说，创业初期最困难的是启动资金的筹措和初始平台的搭建。"当时我们几个人完全靠自掏腰包和四处筹借，才把公司的基本框架搭出来。创业过程中，我十分感谢身边的朋友们给我的信任和支持。同时，我们非常感谢深圳市留学生创业园（简称'留创园'）的支持，以及留创园领导给予的创业指导和帮助，这为我们提供了一个很好的成长平台。留创园是我们创业团队回国落地太赫兹智能光电项目的第一站，这里是矽赫科技成长的摇篮。"

资本青睐下越走越自信

矽赫科技成立之初，完全依靠几个创始人自筹资金，然而前期研发资金需求急迫，融资成了团队的紧要任务。由于团队创建初期各方面条件都很简陋，所以即便他们积极接触风险投资机构，但要机构快速完成前期投资流程还需要一定时间。

就在最急迫的时刻，来自洪鹏达师兄的一笔援助资金解了企业的燃眉之急，对矽赫科技的前期运作和技术研发有非常大的帮助。法学出身的陈师兄对智能光电在未来产业中的重要作用十分看好，同时也是出于对洪鹏达个人的高度信任，他果断以部分个人资产作为支持团队第一期运作的初始资金。"陈师兄的这份信任，也是我创业至今的强大动力。"回忆起创业伊始的艰辛，洪鹏达动容地说道。

2018年8月，矽赫科技完成了Pre-A轮的融资，知名创投机构松禾资本作为股东入股矽赫科技。松禾资本很看好矽赫科技这个跨界技术综合实力强劲的创业团队，更看好矽赫将太赫兹智能光电技术产业化落地的实力。在太赫兹智能光电的底层技术研发上，矽赫科技核心团队拥有多项海内外专利，具备深厚的技术和产业积累，在技术维度上和欧美同行处在同一水平。矽赫科技当前技术创新应用场景着重在安检、车载和工业检测。矽赫科技的核心技术优势在于深化超稳定、低噪声高信噪比、实时成像、人工智能数字化等，围绕太赫兹智能光电科技各个环节，实现技术创新与突破。矽赫科技在太赫兹智能光电领域的技术水平属全球领先，具备自主

矽赫科技创始人洪鹏达（左）接受 2019 年中国国际光电博览会直播采访

知识产权，有利于智能光电产品的开发与产业化。

洪鹏达相信，谁掌握了太赫兹的前沿技术制高点，谁就获得了进军重磅高端装备的钥匙。矽赫团队基于太赫兹智能技术的行业整体解决方案也将迎来巨大的市场机会。矽赫拿到融资后，迅速投入新产品的研发和市场布局，首先聚焦基础技术，如在前沿光电、AI算法等关键技术上取得重点突破；同时贴近市场需求，打造3～5款极具市场竞争力的产品，有计划地占领市场。

在创业这段时间里，洪鹏达除了深刻感受到深圳市政府对创业的支持，还逐渐感受到粤港澳大湾区独特的优势。"大湾区的城市群具有产业互补、高校密集、高科技企业集中的优势。在产业互补方面，深圳、香港等地区具有技术优势，惠州、东莞等地区则具有生产制造优势，二者形成优势互补；从高校密集角度来说，大湾区拥有人才培养优势，全国多所高校研究所落地深圳，香港科技大学拥有先进显示与光电技术国家重点实验室、材料测制实验所、先进工程材料实验所等科研平台，香港高校培养了很多材料、光学领域的科研人才。此外，在深圳聚集了如华为等高科技企业，这些科技企业有器件需求，比如无人机产品需要搭载各种传感器，采用太赫兹技术的传感器可以穿透浓雾检测人体、物体进行探测救援，这是红外技术所不能解决的技术难点。"

由于智能光电是一个综合性很强的学科，需要吸引一批不同学科的高端人才加入。两年来，矽赫科技形成了一整套完整的技术和产品开发体系，团队中汇聚了光电、材料、嵌入式、硬件、软件、AI算法等不同背景的人

矽赫科技在 2019 年中国国际光电博览会展出固态激光雷达

矽赫科技首席运营官洪鹏辉（右）接受 2019 年中国国际光电博览会专访

才，成员之间密切协作，在产品的研发过程中，每个技术细节都是矽赫研发人员关注的焦点。洪鹏达语气坚定地说："资本青睐矽赫科技，给了我们巨大的信心，而市场才是检验产品生命力的真正战场，因此让矽赫科技的产品经得起检验，为用户提供最可靠的智能光电产品是我们团队一贯坚持的宗旨。"

积极探索"太赫兹 + 人工智能"

"Sensing the real world with intelligence（用智能感知真实世界）"——这是矽赫创立的初衷，也是矽赫未来的愿景。矽赫科技最重要的技术创新点在于"太赫兹 + 人工智能"，产品定位是太赫兹智能终端，其中包括太赫兹基础底层光电技术、核心算法以及对应软件和 AI 等关键产品组成的设计、制造与迭代。矽赫科技的太赫兹智能技术源于密集的实际场景测试，并经过高强度技术迭代；矽赫科技产品的技术框架层面包括太赫兹光电、核心基础算法、应用软件算法、人工智能及物联网。矽赫将为客户提供智能光电系列产品以及后续技术升级服务。

洪鹏达一直紧跟国际前沿技术的发展，主动对标先进的国际同行。Menlo Systems 是德国一家聚焦超精密和超快光学测量的公司，其光学频率梳产品已被运用于遥感领域，为业界提供太赫兹光谱仪，但是其产品在特殊用途表征器械的开发方面比较少，很难满足定制化需求。同时，其专业客户群行业细分特点明显，其提供的产品成本高、售价高、偏功能化，不具备智能化功能。针对这些国际同行的短板，洪鹏达希望可以做到售价更低、具备智能化功能、可以满足客户定制化需求等。这基于矽赫科技在技术层面的四大创新点：一是采用自主专利产权的太赫兹传感、成像技术，通过精密光机电设计，获得优异的设计光电性能；二是拥有太赫兹成像大数据的光谱图像处理技术；三是适配太赫兹特有的人工智能数字化，人工智能控制与太赫兹源光电理论模型的建造；四是运用分布式计算技术及有多年应用实践的高端数据分析系统。

为了推进太赫兹技术产业化的进程，一方面，矽赫科技为高校及研究机构提供定制产品以供科研学习，譬如相关高校已经与矽赫科技开展正式合作，订购了器件模组用于基础研究开发，此外在科研开发方面也有相关合作；另一方面，矽赫注重对传统产业的赋能，目前在安防、物流、电商等产业已经有了很好的落地应用场景。矽赫科技在安防方面的核心竞争力，主要是基于太赫兹技术的安检仪集安全、高效、智能于一体，这是目前市面上的安检机器所不能做到的。在物流行业，矽赫科技的技术可以为客户解决"不开箱检测"的问题，以支持快速物流，实现 50% 的效率提升；电商行业，矽赫科技主要解决其"仓储流程监控"的难题，例如：商品入库检测、二次提取等，从前碍于技术只能做到抽检，利用太赫兹技术则可以实现全面检测，监控货品缺损状况。

如今，矽赫科技正向着成为智能光电领域领军企业的目标迈进。洪鹏达自信地表示，矽赫科技以被列为"改变未来世界的十大技术"的太赫兹技术为核心，结合人工智能大数据算法，致力于提供全球领先的智能光电产品与服务。矽赫科技以创新技术立足，以期为粤港澳大湾区前沿科技领域的建设贡献一份力量。

【专家眺望】
太赫兹智能光电赋能传统行业

国际科技界公认，太赫兹是一个极其重要的交叉前沿领域。太赫兹应用潜力巨大，有望引领未来通信、雷达、电子对抗、电磁武器、安全检查等领域并进行深刻变革。太赫兹民用领域主要用于安检、工业无损检测、生物医学等。太赫兹的应用仍然在不断地开发研究中，其广阔的商业前景是极其诱人的。

矽赫科技首席执行官洪鹏达说："当前，中国作为智能光电技术最为重要的市场之一，市场需求保持强势增长。据 MarketsandMarkets[1] 预测，2020 年全球光电市场将达到约 5000 亿欧元，这是一个巨大的红利市场。但从技术水平上看，中国与美欧整体差距仍然明显，很多领域产品与技术仍依赖进口。智能光电行业未来将是国家重要的支柱产业之一，它的发展将会影响一个国家在国际前沿技术领域的地位，我认为矽赫科技可以在这个领域发挥所长，占据一席之地。目前，光电技术应用设备的主要瓶颈是

---

1 一家知名市场研究机构。

成本高、装置重、不灵活、不智能。在太赫兹智能光电的底层技术研发上，矽赫科技核心团队掌握多项关键技术，在对国内光电产业的推进上具有很大优势。"

太赫兹智能光电赋能安防产业

太赫兹的安全性在于它的低光子能量、零电离的特性，它的光子能量只有 X 射线的百万分之一，可见光的五千分之一，因此不存在任何安全隐患。换句话说，在外面晒个太阳受到的光辐射比太赫兹还高得多。

可见，太赫兹技术对被检测的人体和物体的无损性这一特点，在安防产业将大有作为。据美国媒体报道，美国纽约警察局已使用太赫兹技术进行远距离非接触性的枪支探测，从而解决积弊已深的治安问题；美国机场也开始采用太赫兹做安全监控，如 TSA[1] 采用太赫兹波段来检测乘客是否携带违禁品，从而确保机场安全。根据《科学美国人》报道，洛杉矶地铁站已经开始采用太赫兹技术作为安检的重要手段。

太赫兹智能安检仪检测的效率非常高。太赫兹技术和人工智能技术的有机结合让安检仪可以"一秒"识别危险物品，而不再需要人工逐件识别。目前安检普遍排队长、排队慢，主要原因是传统的 X 光安检机只能给出物体轮廓，不能识别物体属性和自动判别危险品，需要依靠安检员人工辨别，而人眼识别是需要时间的，所以需要控制安检机过行李的速度。这项工作

1　美国运输安全管理局（Transportation Security Administration），负责美国境内公共交通的安全事宜。

矽赫科技在 2019 年中国国际光电博览会展出太赫兹智能安检仪

对眼力、脑力是很大的消耗，效率很难提高，也容易导致错检、漏检。而机器是不会累的，并且物品检测、图像输出、智能识别这些步骤可以在很短的时间内完成，可以大大提高安检效率与质量。比如，我们现在过安检，都要先把行李放上安检机，然后由安检员手持金属探测器进行全身检测，再等行李慢悠悠地从安检机出来，整个安检流程才算走完。而使用太赫兹智能安检仪后，甚至可以实现人包一体安检，人拎着包从安检仪通道走过，太赫兹可以秒速检测并反馈信息给智能系统，安检员立刻就能知道你是否携带违禁品了，整个过程不过几秒钟的时间。

经过深度市场调研、审视自身优势、分析本土细分市场之后，矽赫科技决定专注于无损安检方向，瞄准新型太赫兹智能安检应用市场，立足差异化产品定位，着眼刚性需求、需求量大的市场。安检设备市场容量庞大，包括但不限于交通运输站点、公检法系统、事业机构、工矿企业、会场展馆、快递、物流、仓储等。

矽赫科技开发的智能光电系统，运用人工智能算法进行多维度精细计算分析，以获得单纯人工算法无法达到的效率、精度。矽赫科技 AI 团队拥有丰富的人工智能算法和大数据项目背景，这为矽赫的光电产品注入了第四次工业革命的基因，让矽赫的产品在与传统光电产品的较量上具备明显优势。光电技术和人工智能的技术融合是一个很大的技术趋势，同时 AI 也正在助力光电行业的加速发展，是行业增长的新引擎。

洪鹏达介绍，相比于常规的安防类监测终端设备和系统集成，通过太赫兹技术的高技术壁垒优势，矽赫科技优先侧重于承载不同的行业业务，太赫兹成像和传感将催化突破性安检的新时代，而太赫兹本身作为一个创新应用将在透视检测、空间穿透测量等方面产生变革性的影响。

新技术和生产自动化相结合，势必会带来安检自动化、人工智能化的变革。由于客户群体识别度高，应用类型专业化，其对应的销售渠道也会比较集中。未来 5 ~ 10 年，太赫兹安检装备有望占据安检应用市场的较大份额。这也正是矽赫科技率先进军太赫兹智能安检市场的原因。

车载雷达家族将迎来新品类

　　矽赫科技聚焦的另外两个应用场景是工业检测和车载领域。太赫兹技术能够提供精确实时的检测数据，是工业无损检测方面新兴的技术，其市场容量庞大。据了解，美国等发达国家已经开始将太赫兹技术用于食品加工等行业，进行作业流程的监测。在车载方面的应用，比如在雨雾天等空气悬浮物很多的环境下，传统传感器存在探测识别灵敏度下降等问题，而

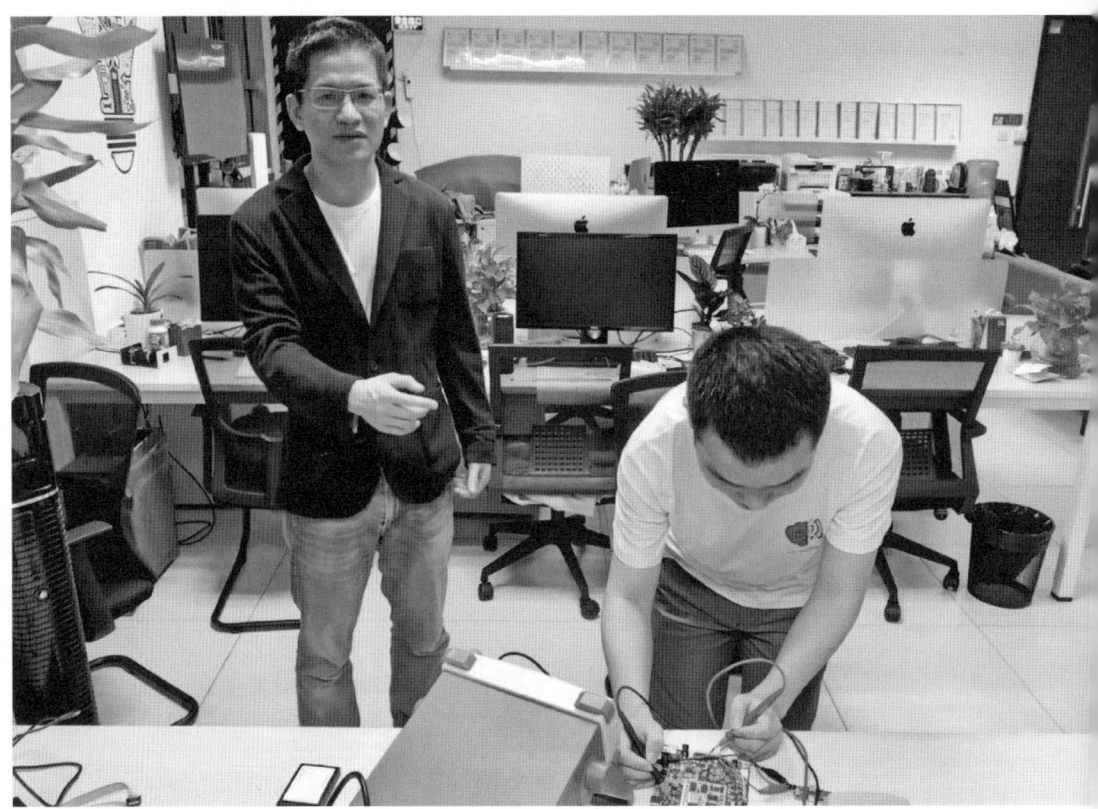

矽赫科技员工在进行研发工作

由于太赫兹对浓雾具有强穿透性，因此基于太赫兹技术的传感器能够很好地解决这一难题。

　　洪鹏达指出，激光雷达从最初被硅谷自动驾驶企业应用在无人车开始，已经展示了其作为无人自动驾驶必备的"眼睛"的重要性。目前，激光雷达还处在产业探索的阶段，无论是机械式还是固态激光雷达，要做到正式的量产还需要很长的时间，但这同时也表明其中蕴藏了巨大的市场空间。激光雷达能够满足普通环境下的探测和预警，但是在苛刻的环境下，其探测距离和分辨率就会受到较大的限制，而太赫兹传感器能够解决这个问题。太赫兹的强穿透性，是一个很好的技术特点。"我们相信，在无人驾驶的情况下，太赫兹波段的探测，能够提供可靠的精确数据，从而解决汽车在苛刻驾驶环境下精确探测周围环境的需求。激光雷达和太赫兹技术的融合，在自动驾驶领域是一个很有技术竞争力的传感器融合手段。"

通信领域应用前景广阔

　　矽赫科技的太赫兹底层技术在通信领域有着广阔的应用前景。目前，太赫兹波在通信领域拥有的无限潜力，已受到了发达国家学术界及业界的高度关注。根据 *IEEE Spectrum*[1] 报道，第六届布鲁克林 5G 峰会内容涉及 5G 部署、经验教训总结，以及 5G 展望等。在本次峰会上，德累斯顿大学

1　《科技纵览》，美国电气电子工程师学会编辑的旗舰级出版物。

教授 Gerhard Fettweis 和 NYU Wireless[1] 的创始人 Ted Rappaport 谈到了太赫兹波的潜力。两位专家表示，研究人员已经开始研究太赫兹波，它的频率将成为下一代无线技术的关键组成部分。Gerhard Fettweis 讨论了太赫兹波和 6G 解决 5G 所存在的一些问题的潜力。他指出了前几代无线技术建立的趋势：虽然 1G 为我们提供了移动电话，但 2G 在功能上得到了扩展并弥补了之前的一些缺点。3G 和 4G 对移动数据也做了同样的事情。现在我们正在转向 5G，预计将支持许多新的应用，如 AR、VR 及物联网。Gerhard Fettweis 表示，6G 的功能与 2G、4G 相似，弥补之前的缺陷是很自然的。

2019 年 3 月，美国联邦通信委员会一致投票决定开放"太赫兹波"频率段，用于 6G 技术的研发。此前特朗普也在推特上喊话 6G 技术的部署，足见太赫兹在未来通信应用上的重要性。那么，未来应用太赫兹技术的 6G 到底有多快呢？现在 4G 环境里下载一部电影可能要以小时计算，到了 5G 环境下，这个时间也许可以缩短一半，而到 6G 只需要几秒就可以完成了。

由此可见，太赫兹技术的应用前景和市场非常巨大，在国外已经应用的领域包括隐藏物体的隔离检测、通信技术应用、环境监测、工业材料内部缺陷无损检测等，未来还可以应用于早期皮肤癌的检测预警、IC[2] 封装中的非破坏性快速故障隔离、航空航天材料涂层检测、药物质检及配方分析等场景。

---

1 纽约大学无线研究中心，全球首个融合无线、计算及医疗应用的多学科学术研究中心，行业组织成员包括英特尔、高通、华为、三星等。

2 集成电路，一般指芯片（Integrated Circuit）。

　　近年来，我国越发重视光电子技术研究。随着"十三五"规划的开始，智能光电产业逐渐成为国家重点扶持与关注的领域。"潮平两岸阔，风正一帆悬"，伫立在新时代的潮头，洪鹏达感到重任在肩。他期望带领矽赫科技围绕智能光电感知，建立起以太赫兹技术、激光传感、人工智能等为核心的产业化体系，把矽赫科技发展成为智能光电技术这一尖端科技领域的领军企业。

03 大象声科：
智能语音交互领域的
"黑马"

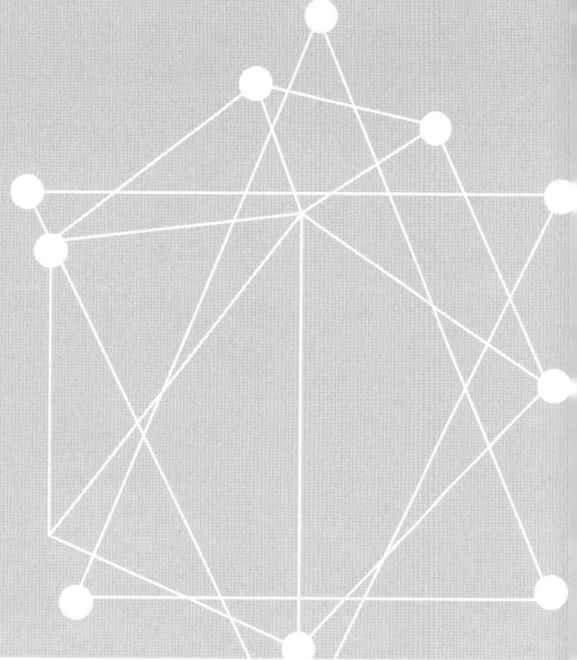

粤港澳大湾区战略性新兴产业研究

大象声科

企业档案

大象声科（深圳）科技有限公司（以下简称"大象声科"）于2017年在深圳南山区成立，是全球领先的机器听觉人工智能公司之一，致力于提供尖端的智能语音增强和语音交互解决方案，打造更自然的人机交互体验。

大象声科云集了世界顶尖机器听觉科学家和经验丰富的产品研发团队，基于多年对计算听觉场景分析理论（CASA）的研究、应用前沿的深度学习技术，为智能手机、蓝牙耳机、VoIP云通讯、可穿戴设备、智能车载、智能家居等行业，提供全球领先的智能语音增强和智能语音交互解决方案。

凭借强大的技术和产品优势，大象声科赢得了客户和资本方的广泛认可。2018年7月，它获得小米和高通创投的数千万元战略投资。

目前，大象声科已经与Qualcomm（高通）、CEVA（基华）、Cirrus（西锐）、Logic（凌云逻辑）、Infineon（英飞凌）、Rockchip（瑞芯微）和BES等知名芯片厂商建立了良好的合作关系，成功服务于小米、OPPO、vivo、海能达、中兴、努比亚、黑鲨、美图、猎豹移动、51Talk等客户。未来，大象声科将与合作伙伴们一起，推动产品智能升级，让人工智能更贴近生活，服务人民，造福人类。

【创业历程】

苗健彰：痴迷听得见的智能

"你可以使劲地敲桌子、鼓掌，发出任何不规则的声音，我对着手机说一段话，你再听听录音效果。"大象声科董事长苗健彰拿着手机对笔者说。

笔者在现场制造了不小的噪声，但苗健彰的手机录音里丝毫没有噪声，噪声被完全过滤掉了！这就是通过大象声科自主研发的基于深度学习的语音分离技术实现的效果。

采访就从这样一个有趣的体验游戏开始了。

苗健彰说："凭借深度学习技术，大象声科基于人类听觉系统对环境声音的感知和处理机制，再结合传统信号处理方法，只利用手机的一个麦克风，便可实现在各种复杂噪声环境下，提取清晰人声。"

就是这样一种让你听得更清楚的"黑科技"，让大象声科很快成为全球计算听觉领域的"黑马"。大象声科成功实现了世界上第一个利用深度学习和传统信号处理相结合的单通道智能通话降噪方案，能够有效地分离人声和背景噪声，不仅突破了传统信号处理的瓶颈，在机器个性化拾音与智能化降噪的应用上，更是开创先河。2018 年 7 月，大象声科获得了小米和高通创投的数千万元的 Pre-A 轮战略投资，如今已经将全球领先的智能语音增强和智能语音交互技术应用于智能手机、智能家居、车载、机器人、智能音箱等领域，为用户提供更自然的语音交互体验。

"海归"回国寻找新的创业机会

当初，苗健彰为何会想到从机器听觉角度入手创业呢？

2015 年年底，苗健彰从加拿大飞回国考察创业机会。坐在飞机上，望着茫茫的云海，他对未来要选择什么方向去创业并不那么清晰。2010 年，

苗健彰

他从西安交通大学通信工程专业毕业后，开始了留学生涯，到加拿大英属哥伦比亚大学攻读软件工程硕士学位，毕业后在温哥华创办了一家软件公司。当时，公司的业务主要包括给硅谷的互联网企业开发网站和 App，以及做微信的第三方海外运营等。创业的两年时间里，公司做到了自给自足。然而，要探索出新的互联网商业模式，他感觉机会渺茫。在这个迷惘的当口，他决定回国看看。

那一年，中国"双创"事业刚兴起，"创客"第一次进入政府工作报告，人们谈论最多的是 O2O（Online to Offine，即"线上到线下"）和 AI 领域创业机会。苗健彰认为，自己并不适合在 O2O 领域创业，因为从事 O2O 创业不仅需要丰富的互联网经验，而且需要非常多的本地资源，他认为自己缺乏这两种资源。而 AI 却让他看到了希望：AI 方兴未艾，前景非常广阔。究竟要从哪个细分领域切入呢？这个问题让他困惑，更让他着迷。

苗健彰看到，商汤科技成立不久即在全球计算机视觉领域声名鹊起；作为机器视觉新锐的云天励飞 2015 年不仅获得了徐小平的天使投资，而且获得了政府数千万元的支持。他观察到一个现象：相比日益火热的机器视觉产业，机器听觉领域的创业者要少得多，而听觉作为机器感知的一个重要功能，显然还没有被更多创业者关注。科大讯飞是这个领域知名的开拓者。那一年，科大讯飞发布了人机交互界面——AIUI，为用户提供语音及人工智能交互服务。

苗健彰意识到，自己可以尝试进入机器听觉这个赛道，所以他拜访了科大讯飞研究院院长，走访了多家沿海城市相关的科技企业，了解到机器听觉产业链上下游链条是如何配合的。机器听觉产业链上游是从信号处理、采集声音开始，再到将语音信号转化成文字，然后根据文字去理解意义，即语义识别，最后到语音输出。然而，前端信号处理的技术被国外几家公司把控着，这块在国内还是空白。如何填补这个空白呢？苗健彰决定到美国做技术调研。他本科学的是通信工程专业，通过他的大学同学，他幸运地拜访到了这个领域的美国顶级教授汪教授。

"当我离开家去上大学时，我的母亲开始失去她的听力。我回家分享我学到的东西，她会侧身倾听。很快发展到如果同时有多人说话她将很难与人对话。现在，即使有了助听器，她仍然需要努力分辨每句话的声音。当我的家人来用晚餐时，她仍然央求我们轮流和她说话。我母亲的艰难处境也是助听器制造商所面临的一个典型问题。人类听觉系统能自然地在嘈杂的房间中分辨目标声音，但是制造一个能模仿这种能力的助听器已经困扰了信号处理专家、人工智能专家和听力学家数十年。1953年，英国认知科学家 Colin Cherry 首次将这称为'鸡尾酒会问题'[1]（Cocktail Party Problem）。"汪教授在2016年发表的一篇文章里如此写道。他从事具备深度学习能力的助听器研究的时候，内心深处充满着对母亲的眷念和关切，希望用所学的技术解决这个困扰听障患者的"鸡尾酒会问题"。当他面对这位面容清俊、充满创业激情的年轻人的来访，并真诚地邀请他作为联合创始人的时候，汪教授觉得已经到了将这一技术产业化的时候了，他可以把毕生所学转化成为实实在在的产品，帮助更多像母亲一样有听力

1　当前的语音识别技术已经可以以较高的精度识别一个人所讲的话，但是当说话的人数为两人或者多人时，语音识别率就会极大地降低，这一难题被称为"鸡尾酒会问题"。

障碍的人。

获得汪教授信任和嘱托的苗健彰，风尘仆仆回到深圳，于 2017 年 2 月在深圳南山留学生创业园注册成立大象声科，组织研发团队研究用深度学习方法解决语音增强和语音交互的问题，目标是把汪教授 20 多年沉淀的技术成果转化为成熟的科技产品，服务全社会。

2017 年 9 月，大象声科荣登清科 "2017 中国最具投资价值企业 50 强" 榜单，并且首次亮相 "2017 年中国国际信息通信展览会"，其领先的基于深度学习的语音提取技术引起了业界的广泛关注。

拥有一种颠覆式创新技术

创业起步的半年里，大象声科团队致力于这项颠覆式技术的工程化落地。当发现该方案可以应用在现有的手机平台上，利用 DSP（数字信号处理器）芯片就可以跑起来的时候，苗健彰感到无比兴奋，因为这意味着 AI 驱动语音信号处理可以代替传统语音处理方式。过去的传统降噪解决方案有很多局限性，而利用基于深度学习的降噪方案，可以使那些比较难处理的动态噪声得到很好的抑制。更重要的是，基于深度学习的降噪处理方案只需要一个麦克风，就可以得到远远优于传统信号处理技术两个麦克风的降噪效果，不仅降低了硬件成本，而且极大地缩短了硬件的调试周期。

大象声科研发团队提出的这种通用的单通道实时降噪方法，首次将计算听觉场景分析理论和深度学习相结合，让机器通过深度学习的方式从大量数据中自动学习规则。不管噪声比目标的声音强多少倍，都能将目标声音从噪声中分离出来，从而实现实时降噪。

苗健彰认为，这是一种可以迅速应用的颠覆式创新技术，与最上游的龙头企业合作，尤其是与已经产生垄断效应的芯片公司合作，是大象声科迅速产业化的捷径。

那么，如何让高通这样的全球芯片巨头注意到只有几个人的初创型企业大象声科呢？

苗健彰与创业合伙人分析后决定，寻找品牌手机来合作，因为新兴品牌手机对新技术有更敏锐的觉察力，而且敢于使用新技术。于是，2017年下半年，苗健彰和团队找到锤子手机合作，"锤子坚果3""锤子 Pro 2s"

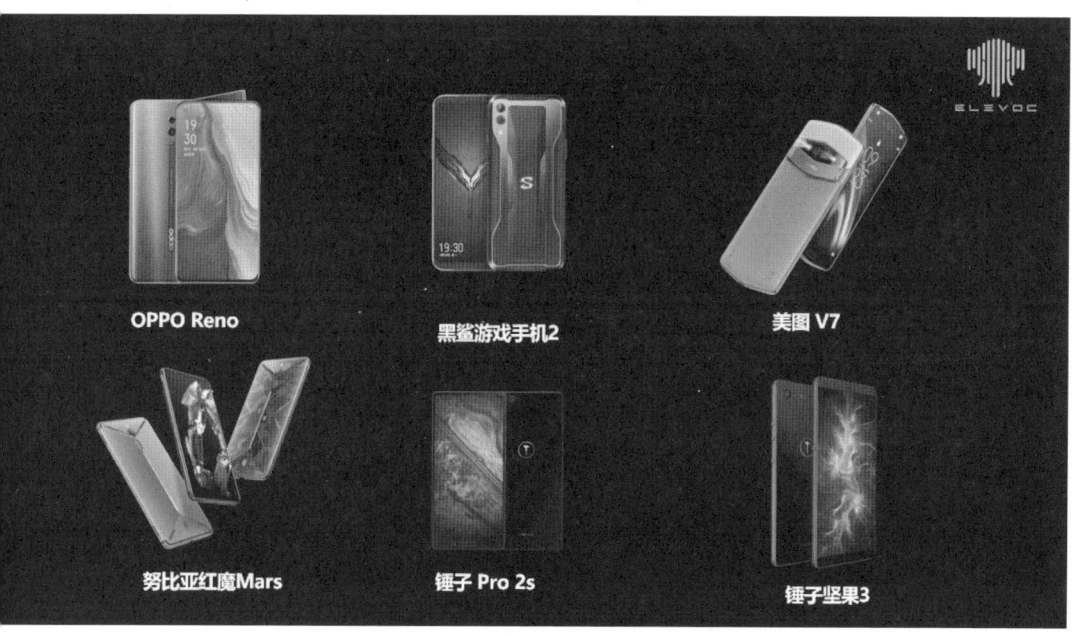

大象声科 AI 降噪技术在智能手机上的应用案例

手机陆续搭载了大象声科的智能通话降噪方案。这次和锤子手机的合作，是大象声科在手机领域的第一次应用，公司计划陆续将智能语音降噪技术推广到更多的手机品牌和厂商。

苗健彰回忆道："这次与锤子的成功合作，让大象声科领先的 AI 通话降噪技术得到了手机芯片巨头高通的关注。"

获得小米和高通的投资

与锤子手机合作的同时，大象声科也在积极与小米进行接触。当时小米正在全球范围寻找声学领域具备独特能力的技术公司，希望在全线智能产品上采用最新的声学人工智能交互技术。于是，大象声科进入了小米的视野。

2018 年 5 月，小米对全球六七家从事声音信号处理公司的产品经过反复测试和比对后，最终得出结论：大象声科的技术处于世界领先水平。小米决定投资大象声科。

之后不久，在北京和高通创投董事总经理沈劲的一次见面中，苗健彰聊到了大象声科的技术和最新进展。沈劲当即表示高通可以在最短的时间内参与到这轮投资中。不到两周时间，高通走完了投资流程。2018 年 7 月，小米和高通创投一起给大象声科战略投资数千万元，这是大象声科的 Pre-A 轮融资。沈劲表示，大象声科拥有全球领先的智能语音增强和智能语音交互解决方案，势必会让更多的终端设备受益于人工智能技术，加快

2019 年 7 月，大象声科创始人苗健彰受邀在 WARE 2019
新硬件 AI 技术与应用峰会上进行主题分享

终端智能化生态的发展。

　　大象声科希望成为新一代手机语音信号处理技术提供商，为手机通信以及人机交互提供智能语音增强和智能语音交互服务，打造更清晰的机器听觉体验。"由于手机覆盖的应用场景是各种硬件当中最多的，所以要让基于深度学习技术的降噪解决方案在手机上得以应用，首要的其实是要解决模型的泛化性能。我们在这方面投入了大量的研发工作，目前在保持模型小型化的前提下，获得了最优的噪声环境覆盖。"苗健彰介绍道。

　　目前，大象声科的智能通话降噪解决方案已经支持包括高通骁龙平台在内的超过 10 种不同的软硬件平台。比如，高通骁龙 8 系列、7 系列和 6 系列平台。2018 年年底，在高通骁龙技术峰会上，大象声科和高通联合展示了基于 855 最新旗舰平台的 Vocplus Telecom 智能通话降噪方案，通过共同优化该方案在高通骁龙平台上的性能，进一步帮助代工厂商有效提高软件移植效率，降低技术接入成本。

其实，这个智能通话降噪解决方案的用途相当广泛，从手机通信、云通信，到在线教育、网络直播、音视频会议，再到改进助听器，都能提高这些应用场景在噪声环境中的语音通话质量。这一技术可以让人们即使在熙熙攘攘的街道上，也能毫无干扰、清晰地打电话；让人们在嘈杂的地铁

2018 年 12 月，苗健彰在"创新·携手·共赢暨大象声科基于高通骁龙移动平台
855 DEMO 发布沙龙"与现场来宾举杯相庆

上，也能不受环境干扰，清晰地与远在大洋彼岸的英语老师进行在线英语对话练习；让听力障碍者再也不用忍受传统助听器的噪声太大的困扰，轻松地听清对方的讲话。

大象声科从成立以来，就想要解决的两大问题：一是让"人"听得更清楚，针对手机通信、云通信等领域所推出的智能通话降噪解决方案，能够帮助用户过滤掉通话过程中的背景噪声，让语音通话更清晰；另一个是让"机器"听得更清楚，为机器打造一双智能耳朵，赋予其更灵敏的机器听觉。大象声科推出的智能语音交互解决方案，包含智能降噪、语音唤醒、声纹识别等核心算法，能够为智能音箱、机器人、智能车载等行业带来更清晰自然的语音交互体验。

2019 年 4 月 19 日，在高通人工智能开放日，大象声科作为高通 AI 软件合作伙伴，联合展示了基于高通最新芯片平台的 AI 语音消噪和啸叫抑制方案

人工智能作为互联网技术发展的下一个"风口"，带来的变革能量不亚于工业革命。数据显示，目前在人工智能领域，计算机视觉占比 20.8%，语音识别占比 10.7%，其中语音识别最受用户认可。在智能家居、智能机器人、智能驾驶和个人助手等领域的进一步发展完善，都有赖于更加成熟的语音识别技术。苗健彰谦逊地说："技术的追求是没有止境的，大象声科目前已经验证了 CASA 可行性和深度学习在语音信号处理方面应用的前景，这也奠定了行业的发展趋势，但是距离实现机器像人类一样听声辨音的理想，还任重道远。"

"深圳作为中国电子信息产业重镇，凭借完善的产业链配套，在人工智能领域拥有天然的优势和巨大的潜力。我对大象声科的未来非常有信心，目前，大象声科 AI 降噪方案已在多款智能手机上得到量产验证，性能稳定，为终端用户带来很好的使用体验。此外，大象声科的智能语音交互解决方案已迅速落地于物联网、智能机器人、智能驾驶等行业头部客户，获得上下游产业链的一致高度认可。随着语音应用范围不断拓宽，语音交互在智能家居、智能玩具、VR/AR、智能机器人、智能音箱、语音助手等终端市场中的渗透率逐年提升。我们相信，未来，随着这种基于深度学习的智能通话降噪方案应用于更多场景，一定能帮助广大用户获得一个更加安静、更加智能的世界！"苗健彰的语言简短有力，也让笔者对大象声科的未来充满信心和期待。

2019 年 2 月西班牙巴塞罗那，大象声科作为 4YFN 最佳初创企业受邀参展

【专家眺望】
打造领先的机器听觉

　　智能语音交互，已经成为下一代人机交互的入口，将推动新一轮全球经济的增长。据市场和研究数据平台Research and Markets研究报告显示，全球智能语音市场将持续显著增长，预计到2020年全球语音市场规模将达到191.7亿美元。

　　大象声科拥有独特的智能语音交互方案，集成了国际领先的回声消除、声源定位、波束形成、混响消除、智能降噪、语音唤醒和声纹识别等核心技术，未来将在一些新的应用场景下获得很好的应用，带给用户更完美的听觉体验。下面，大象声科董事长苗健彰将带领我们一起去领略未来与机器听觉深度结合的医疗、教育、安防、物联网等领域会有哪些神奇的变化。

国家政策助推智能语音大发展

　　语音信号处理真正意义上的研究可以追溯到1876年贝尔发明电话。该技术首次用声电、电声转换技术实现了远距离的语音传输。1939年，Homer Dudley提出并研制出第一个声码器，从此奠定了语音产生模型的基础。这一发明在语音信号处理领域具有划时代的意义。

　　20世纪40年代，一种语言声学的专用仪器——语谱图仪问世了。它可以把语音的时变频谱用语图表示出来，从而得到了"可见语言"。1948 年，美国耶鲁大学 Haskins（哈斯金斯）实验室研制成功"语音回放机"，该仪器可以把手工绘制在薄膜片上的语谱图自动转换成语音，并进行语音合成。

随着计算机的出现，语音信号处理的研究得到了飞速发展，使得过去受人力、时间限制的大量的语音统计分析工作，得以在电子计算机上进行。在此基础上，语音信号处理不论在基础研究方面，还是在技术应用方面，都取得了突破性的进展。

我国的语音识别技术已取得了令人瞩目的成绩，研究工作一直紧跟国际水平，国家对此很重视，并把大词汇量语音识别的研究列入"863"计划，由中科院声学所、自动化所及北京大学等单位研究开发。其基础研究涉及汉语语音学、听觉模型、人工神经网络、小波变换、分形维数和支持向量机等理论，其研究成果必将推动我国语音识别技术研究迈上新台阶。鉴于中国未来庞大的市场，国外也非常重视汉语语音识别的研究。美国、新加坡等地聚集了一批来自中国内地、中国台湾、中国香港等地的学者，研究成果已达到相当高水平。因此，国内除了要加强理论研究外，更要加快从实验室演示系统到商品的转化。

语音信号处理技术是计算机智能接口与人机交互的重要手段之一。从目前和整个信息社会发展趋势看，语音技术应用十分广泛。语音技术包括语音识别、说话人的鉴别和确定、语种的鉴别和确认、关键词检测和确认、语音合成、语音编码等，但其中最具有挑战性和最富有应用前景的是语音识别技术。

在政策方面，我国也在大力推动智能语音的发展。2017 年 12 月 14 日，工信部印发《促进新一代人工智能产业发展三年行动计划（2018—2020年）》，明确对智能语音的发展做出展望："到 2020 年，实现多场景下中文语音识别平均准确率达到 96%，5 米远场语音识别率超过 92%，用户对话意图识别准确率超过 90%。"

其实，当下无噪声环境下的近场语音识别已经达到了非常高的识别率，但是真实环境下必然会受到噪声的干扰，要提高嘈杂环境下的语音识别率，难点和重点就在于将人声与噪声进行分离。

大象声科研发团队提出的这种通用的单通道实时降噪方法，首次将计算听觉场景分析理论和深度学习结合起来，将声源问题变成一个监督学习问题，让机器通过深度学习的方式不断提高精度，不断接近理想二值模，在声音还未重叠之前计算出来，不管噪声比目标的声音强多少倍，都能将目标声音分离出来，从而实现实时降噪的功能。

助听器可成为常规随身标配

传统的助听器已经存在 100 多年了，全球排名靠前的 6 家助听器企业是德国的西门子、瑞士峰力、丹麦瑞声达、丹麦奥迪康、丹麦唯听、美国斯达克，这 6 家企业都已经进入了中国市场。

中国有 180 多万听障患者需要使用助听器，但只有少部分人使用了助听器，一方面是因为国内市场被价格昂贵的国外产品占领，洋品牌助听器动辄上万元；另一方面是因为，令很多潜在用户犹豫的最大问题是助听器并不能区分同时发生的声音，如人的语音和汽车经过的声音。助听器同时将两者音量调大，产生乱七八糟的音调，给佩戴者造成很大的困扰。

苗健彰认为"鸡尾酒会问题"这个行业难题，可通过深度神经网络的机器学习来解决。将基于深度神经网络的机器学习应用到分离声音的任务上，研制出的数字滤波器不仅可以放大声音，还可以隔离背景噪声和自动调整每种声音的音量。"现有的助听器有一个最大问题，就是不能在噪声环境下佩戴，降噪功能非常差，大象声科的技术在这方面将发挥巨大作用。未来，助听器有望成为随时随地佩戴使用的可穿戴设备，而且除了听障患

2018 年 12 月 10 日，大象声科在深圳举办
"创新·携手·共赢暨大象声科基于高通骁龙移动平台 855 DEMO 发布沙龙"，图为现场合作伙伴及嘉宾等合影

者外，普通人也可以佩戴，比如工地工人、KTV 服务员等，在噪声很大的环境下进行沟通的时候可以帮助他们听得更加清晰准确。"

世界卫生组织估计，全世界有 15% 的成年人（或大约 7.66 亿人）患有听力障碍。随着人口增长，这一数字还将继续增大；而且在成年人群中，年纪越大的人听力受损者所占的比例也越大。这一切都是巨大的潜在市场。根据在印度浦那市的市场研究公司 MarketsandMarkets 统计，目前 60 亿美元的全球助听器产业市场预计将以 6% 的年增长率增长，这一趋势将持续到 2020 年。但是要满足所有新客户的要求，就意味着要寻找到一个能够解决"鸡尾酒会问题"的万全解决方法。终于，深度神经网络为前进的道路指明了方向。

其实，先进助听器的潜在市场不仅仅限于听力受损的人。开发人员可以使用该技术来改进无线耳机。目前，无线耳机受制于硬件体积和功耗的影响，在音源定位、通话效果和通话质量方面有待提升。大象声科的低功耗模组能够大幅提升用户通话体验。现在，随着外出戴耳机的人士越来越多，降噪功能变得越来越重要。在飞机上、在高铁上，只需要佩戴一副优质的降噪无线耳机，就可以帮你与世隔绝，享受美妙的音乐世界。

苗健彰希望大象声科的技术能让用户更自由地选择声音："我们认为，耳机有望普及到更多的交互场景，比如咖啡厅、会议、餐厅、酒吧、嘈杂的工厂车间等。用户能够配合适当的场景选择自己想听的声音，真正实现语音的完美交互。"

听诊器有可能被彻底颠覆

我们如果咳嗽久了，会去医院找医生用听诊器听肺部啰音。医生在听诊的时候，常常叮嘱患者不要乱动，生怕动态噪声干扰听诊效果，因为他必须仔细听诊，通过对呼吸杂音进行分辨，看患者是否得了肺炎或者支气管炎。

在苗健彰看来，在人工智能时代传统听诊器是一个特别需要被颠覆的产品。

他描述了这样一个未来看病的场景："如果将智能语音计算听觉技术应用在智能听诊上，就可以彻底排除动态噪声的干扰，相信机器学习技术一定会让对心脏的听诊、胸腔的听诊更加准确无误。如果解决了智能听诊的问题，那么远程诊断也就自然可以实现了，包括过去要请医生用听诊器听肺部啰音，现在只需要家里有一台智能听诊设备，把探头贴身一放，再把肺部啰音传上云端，医生或者机器人就立马可以告诉你是否得了肺炎，再给出治疗方案和意见。"

AI 时代下的未来口语教学

"每一位中国学生对学习英语口语，都有非常深切的体会，我们学的是哑巴英语，无法开口说话，因为一说出来，就是语法不准或者语调很怪。"苗健彰说，"智能语音技术如果用在口语辅导上，可以很好地解决外语师资力量不足的问题，AI 技术完全可以实现一对一的口语教学。AI 知道你的每个音是否发准确了，还能反复纠正你的读音，直到你掌握了这个单词的发音为止。"

他认为，智能语音技术在外语教学方面不仅可以提供更个性化的辅导，实现远程教育的"一对一"辅导，而且可以提升在线教育的课堂质量和效率。目前，不少在线教育平台、在线直播平台、网络视频会议是大象声科的使用者。采用大象声科智能语音增强技术，可以无延时地处理音频数据，有效消除环境噪声和回声，更好地进行远程教学或者直播；远程教育平台用户可以通过大象声科的声纹识别技术，进行有效用户身份认证，该技术具有高识别率等特点。

安防领域专网通信降噪成为刚需

中国安防行业市场规模从 2015 年的 4860 亿元人民币增长到 2017 年的 5960 亿元人民币，2018 年中国安防市场规模在 6500 亿元人民币左右，年均复合增长率在 10% 以上。

在民用领域，对讲机等专网通信设备，降噪成为刚需，因为收信部分的灵敏度高，当无声音信号时，内部噪声可在音频输出端产生较大的噪声，同时还会降低对讲机电池的有效使用时间。传统信号处理降噪，包括谱减法、维纳滤波、卡尔曼滤波等，普遍假设背景噪声为平稳噪声。然而在实际的声场环境中，噪声通常为非平稳噪声，因此传统信号处理噪声的方法并不能有效地抑制背景噪声。

苗健彰介绍："基于人类听觉系统对环境声音的感知和处理机理，采用深度神经网络模型，通过大规模的真实语音数据进行训练，实现了不受制于特定的背景噪声和特定说话人的通用型降噪。"因此，大象声科的技术能够更好地实现唤醒、消除对话噪声，同时减少设备的整体功耗，满足了安防领域专网通信的降噪需求。

物联网亟须先进智能语音交互技术

物联网时代，不论是车联网还是智能家居产品，都需要更先进的智能语音交互技术满足用户不断升级的体验需求。

据了解，语音在车内处于系统与人交互的环境，车载环境复杂，噪声干扰较多。从麦克风阵列到降噪算法，确保高精度语音识别，各大车厂也开始布局整体车载语音驾驶系统。根据中国信息研究院的预测，中国车联网行业市场规模 2017 年达到 2696 亿元人民币，未来 5 年复合增长率约 15.43%。其中，中国智能车载硬件设备市场规模在 2017—2019 年预计分别为 265 亿元人民币、378 亿元人民币和 495 亿元人民币，年复合增长率 36.67%。

亚马逊推出 Echo 系列智能音箱之后，业内普遍认为，音箱作为语音交互的智能家居中控具有得天独厚的优势，但是目前的智能音箱移动性和能耗难以兼顾，远场拾音的效果也有待提升。大象声科拥有独特的智能语音交互方案，可以很好地解决车内噪声干扰多的难题，有望成为未来车载智能音箱的标配。

从行业发展的趋势来看，未来的智能家居各个硬件端都可能成为用户与设备交互的入口，智能音箱、智能电视、智能空调等能够进行简单语音交互的智能家居，未来都需要更好的语音交互体验，在远场拾音、低能耗唤醒和语音识别上都有非常大的改进空间。这都是大象声科可以发力的方向，也是其下一步积极开拓的市场疆域。

苗健彰率领大象声科，在短短两年时间内，就奠定了在手机领域的机器听觉技术引领者地位。在未来几年，他将把引领地位扩展到平板电脑、智能耳机、智能音箱、对讲机、教育、医疗、物联网等领域。大象声科作为技术提供者，将在一系列特殊行业形成完整的智能语音交互解决方案，然后成为相关人工智能技术标准的制订者。

当前我们所处的时代，是一个触屏交互时代。然而，人工智能专家预言，新一代交互方式将会落到语音交互上，特别是在双手不得空的场景中，包括驾驶、工厂车间、出警现场和医院等各种场景，"用嘴说"远比"用手摸"来得方便，语音交互一定会慢慢渗透到未来各种各样的仪器设备中。

苗健彰最后一段陈述，恰好解读了大象声科企业名字的由来："我们的技术在于，将微弱的人声从嘈杂的背景当中提取出来，无形植入未来任何一台需要'听'的智能设备当中，这种存在其实是观察不到的，就像是老子《道德经》中所言：'大音希声，大象无形。'"

04 海岸语音：
赋能机器听觉

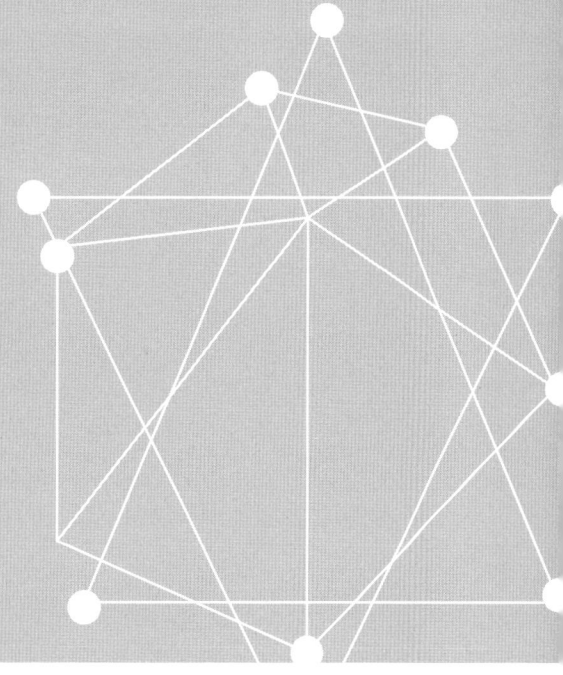

粤港澳大湾区战略性新兴产业研究

企业档案

海岸语音

深圳海岸语音技术有限公司（以下简称"海岸语音"）成立于2016年2月，是一家专注于智能语音和音频前端处理技术，以"智慧城市、智慧工业、智能家居、智能交通"等为主要应用领域的人工智能创新企业。公司秉承"赋能机器听觉，感知美好世界"的技术使命，以技术为驱动，以市场为导向，成功研发了多项智能语音和音频新技术，包括基于国际先进声呐阵列的超远距离拾音、超强指向性拾音、强噪声环境下智能降噪和自动分角色录音，以及关键词检测、智能音频事件检测技术等，并在数百个高新技术产品上进行了广泛应用。公司目前在深圳和北京两地设有分支，团队成员超过20人，其中博士3名，研发人员占比超过70%，他们均来自北京大学、哈尔滨工业大学、香港大学、电子科技大学等知名高校，在音频和智能语音领域拥有超过15年的技术积累。

公司自成立以来保持着良好的发展势头，先后获得千万元级别天使融资及数千万元Pre-A轮融资，并于2018年4月荣获第六届中国电子信息博览会创新金奖。

【创业历程】

石伟：因为坚信走上创业路

2019 年 1 月 14 日，主题为"十年机器人智造·共创大湾区未来"的 2019 深圳机器人创新与发展论坛暨深圳市机器人协会年会在深圳宝安举行，一位年轻的白面书生模样的小伙子捧走了两项大奖——"2018 年度深圳机器人技术创新企业奖"和"2018 年度深圳机器人新锐人物奖"，立即成为媒体关注的焦点。他就是海岸语音创始人兼总经理石伟。

这是一位个性直爽而真诚的四川籍青年。他对媒体说："我的创业动机，其实就是我坚信自己多年研究的矢量声学技术是未来人工智能社会所需要的。"

两个年轻人携手创业

石伟，语音技术极客、美好未来的畅想和实践者，独爱科幻类小说和电影，受此影响对前沿技术领域始终抱有极大的热情和期盼，由此走上了追求技术的求学和创业之路。

他在北京大学深圳研究院攻读研究生期间，接触到声矢量传感技术，并且借鉴矢量水听器的技术原理，克服了重重困难，成功研发了可在大气中使用的矢量传声器原型系统。传统上认为，几何麦克风阵列技术是复杂声学环境下高质量语音信号获取的唯一选择，但其在应用上有诸多的局限性。尤其是消费类电子产品，对声学部件的体积、功耗、成本等都有严格要求，致使基于较大尺寸的几何麦克风阵列的多

石伟

通道语音信号处理方法难以得到应用。这一难题促使他思考：为何单只人耳都可以在嘈杂环境下分辨多个不同的声音，而单颗麦克风则不行？后来，一个偶然的机会，在一次与导师的文献讨论中，他发现了一个显而易见的事实：无论目前已有的麦克风的测量原理怎么变，测量输出的始终是一成不变的声压，或者说声音大小，但事实上声音信号是具有大小和方向的矢量。如果有一种新型的麦克风，能够像人耳一样同时测量声音的大小和方向，那么不需要借助阵列即可以解决困扰人们多时的复杂声学问题。这种新型的麦克风被称为"矢量传声器"。与麦克风阵列一样，矢量传声器不仅能采集声音大小，还能捕捉声音的方向信息，可以让声音听得更清楚，更难能可贵的是，矢量传声器体积可以做得很小，功耗和成本会大幅降低，如果能够研发成功，必然会有更多的应用领域，为更多的产品"插上机器耳朵"。经过不懈努力，在借鉴矢量水听器和同位阵列的研究成果基础上，石伟与导师一起，成功研发了矢量传声器原型系统。

研究生毕业后，石伟加入深圳市智能媒体和语音重点实验室，从事语音识别方面的工作，开发过地图搜索、语音导航、语音搜歌、声纹识别等系统，这期间参与了目前世界上最知名的开源语音识别软件 Kaldi 的开发工作。

在工作之余，石伟一直没有忘记捣鼓他心心念念的矢量传声器。在实验室实现的原型系统体积还是较大，且成本较高，不具备大规模商业化的可行性。他希望能做得像普通单颗麦克风一样，又小又便宜。一直到 2015 年下半年，石伟终于找到了将声矢量传感技术小型化、低成本化的方法。

于是，他萌生了创业的想法，希望将声矢量传感技术带入消费级市场。

　　石伟一直在寻找合适的创业搭档。一个偶然的机会，他认识了曾经在深圳市金证科技股份公司工作过的谢友希。

　　"考虑到我做的是一个非常底层的技术，创业过程必然是要经历漫长的煎熬等待期，所以需要一个能耐得住寂寞的人做搭档。谢友希是哈尔滨工业大学研究生毕业的，软硬件底层技术研发功底过硬，对音频和语音技术也足够熟悉，而且当时他也有创业的想法。"石伟把自己的创业内容和目标告诉谢友希之后，两人一拍即合。

石伟在办公室

2016 年 2 月 29 日，海岸语音在前海注册成立，石伟在赛格广场的 12 楼赛格创客中心租了两个卡座，开启了创业人生。

创业起步前 10 个月，石伟和谢友希都是没日没夜地加班干活，每个人领到的工资才每月两三千元。"一开始啥都没有，PPT 都不会做，当然没有投资。我们是自己筹资，自己给自己发工资。发多了当然不行，发一点儿也算是给家人有个交代。"石伟笑着说道。

"在研发前期，最大的困难就是硬件实现。市场上根本没有可供借鉴的方案，完全需要我们自己去探索，去寻求创新。这对当时的研发工作而言，的确是个不小的挑战。"石伟感慨，"别人的项目，经过 10 个月了可能已

海岸语音团队照一

经干得热火朝天了，我们才刚刚起步，或者说其实还不知道能不能起步。"石伟一遇到技术上的难题就去请教他的研究生导师邹月娴博士。他感激地说："我的导师是我创业的第一位贵人，她对我们踏实肯干的创业精神非常认可，还给我们提供了几十万元的创业启动经费。"

融资路上的机缘巧合

2016 年年底，石伟和谢友希把矢量传声器的原型机做出来了。他把原型机带到深圳市鼎力盛合投资管理有限公司的合伙人周丹女士面前。周丹与石伟和谢友希结识于赛格创客中心的一次创业分享会上。那个时候，海岸语音还未注册。尽管如此，周丹一直对这个小小的创业小组保持了极大的关注，双方一直保持着积极的沟通。直到石伟拿出原型机，并演示了十分精准的多人分角色录音和转写功能后，周丹觉得投资的时机已经成熟。在进一步了解技术细节后，周丹敏锐地觉察到声矢量传感技术的创新性和巨大应用前景。为了鼓励石伟，坚定其创业信心，周丹带着石伟拜见了一位叫吴雁江的企业家。

"我们约在五洲宾馆的一楼咖啡厅见面。吴雁江是北京航空航天大学博士毕业，只听我介绍了 5 分钟就听明白了。他了解到声矢量传感技术最早来源于潜艇的声呐技术，有别于传统的麦克风技术，海岸语音产品所采用的是声矢量传感技术，产品可以应用在机器人、智能音箱、家电等诸多领域。那么，要把声矢量传感产品做小、成本做到足够低，大约几美元左右，就是研发的方向。当时，吴总说了一句话让我记忆深刻："现在很多项目都在追逐风口，处于风口的创业企业在资本的催熟下都很热，但可能也就那几年；而你研究的技术是很基础的东西，产品是基础的元器件，可以长久地做下去，几十年、上百年都有可能。'"石伟回忆起见面的瞬间，眼睛里闪烁着激动的光，"可能因为我们都是理工科出身，一碰撞就产生出了火花。吴总不仅表示愿意投资，而且还对我的创业方向提出了很好的建议。"

原来，如果石伟想赚快钱，只要做成模组、模块类型的产品出售给下游商家就可以了。如果要把底层技术彻底革新，再做成功耗更小、功能更强大的声矢量传感器，需要专门的 MEMS[1] 工艺，需要芯片级的封装，需要 MEMS、微电子、声学、电学、信号处理等诸多方面的技术团队，需要大笔的资金投入。这是一条很长的路，无疑也是一条异常艰辛的路。

只见过石伟第一面，吴雁江就决定做天使投资人，周丹女士也把这一项目列入深圳市鼎力盛合投资管理有限公司（以下简称"鼎力盛合"）的投资标的中。过去，鼎力盛合是一家偏 PE 阶段的投资公司，投资的都是后期成熟项目，这是他们第一次成立天使基金投资早期项目。

石伟觉得自己是个非常幸运的人，2017 年 1 月完成天使轮融资，海岸语音顺利获得了 450 万元人民币投资。

石伟把公司从赛格创业广场搬到了大学城创业园桑泰大厦，在 28 平

1　MEMS(Micro-Electro-Mechanical System)，微机电系统，也叫作"微电子机械系统""微系统""微机械"等，指尺寸在几毫米乃至更小的高科技装置。

方米的办公室里，为公司招聘了 3 名员工。

2017 年年底，由于团队人员的增加，石伟再次把企业搬到了田寮大厦的夹层空间。在石伟看来，这里除了光线有点儿昏暗外，租金方面相对是比较低廉的，200 平方米办公区每月的租金大约 1 万元。田寮大厦楼下就是田寮菜市场和杂货店，喧嚣的市井气并没有影响海岸语音团队的研发工作，石伟窝在一隅继续埋头苦练内功。

除了默默做好研发工作外，石伟也是一位善于精打细算的创业者。租办公场地、开模打样等，他都是能节省就节省，只为了花最少的钱，把产品先做好，有了实际的销售收入后再逐渐扩大企业规模。

正是因为石伟做事风格一贯踏实认真，在融资的过程中也深得投资者青睐。海岸语音完成千万元级别的第二轮融资是在 2018 年 5 月。

石伟轻松地说："完成 Pre-A 轮融资，与天使投资一样，我其实也没有费什么劲，因为投资人是我在 2016 年创业之初就认识的成晓华。他是深圳市朗科科技有限公司的创始人，是我的导师邹博士介绍认识的。刚认识的时候，他没有参与到天使轮，毕竟那个时候我们的技术还不够成熟。到了 2018 年春天，我们研发出来了第四代声矢量传感器，而且已经得到客户的认可，成晓华当时对我们产品的评价是：'你们现在做的这个东西比我最初看到的要性感得多，我可以参与了。'于是，成晓华领导的凯盈资本领投、鼎力盛合跟投了我们近千万元。公司创业两年，这时估值接近 1 亿元。"

大胆开拓发展，势头喜人

有了资金的注入，加上一批毕业于北京大学、哈尔滨工业大学、四川大学、成都电子科技大学等国内知名高校的 20 多名小伙伴的支持配合，石伟的创业渐入佳境，开启了他开挂的人生。

2018 年 4 月，海岸语音在第六届中国电子信息博览会上正式发布了第四代声矢量传感器，并且荣获中国电子信息博览会最高奖项——"创新金奖"。这个奖项含金量颇高，全国仅 20 个，获奖的公司仅海岸语音一家是

海岸语音团队照二

创业公司，其余均是市值几百亿元甚至上千亿元的成熟大公司。

同年 7 月，石伟将海岸语音搬入深圳南山高新区东江环保大厦，360 平方米的办公区焕然一新，这是公司成立两年来迁入的最豪华办公场地了。

2019 年春天，海岸语音团队发布了 VecSense 第五代声矢量传感器，这是融合 MEMS 技术、声矢量传感技术、深度学习技术和芯片设计技术研发的新型传声器产品，可在采集声压的同时采集声场方向信息，仅靠一个传感器即可实现 360 度的声源定位、波束形成、抑制环境干扰、远程拾音、语音分离、语音唤醒等功能，同时具备体积小、成本低、结构紧凑、易集成等优点，是智能语音交互的最佳前端解决方案。在数量、尺寸、功耗和成本方面，一个 VecSense 传感器对应四至八个传感器组成的麦克风阵列，显然具有突出的优势：尺寸减少 70%，功耗降低 90%，同时成本可降低 90%。

"声矢量传感技术，同时采集声压和声音方向信息。"石伟拿起一个比一毛钱硬币还小三分之一的 VecSense 声矢量传感器介绍道，"这就基本实现了我当初与周丹、吴雁江讨论说要做最基础元器件的梦想。现在客户使用这个传感器非常简单方便，USB 接口，插上电脑或者手机就可以演示和测试。因为里面内置多种智能语音 / 音频算法，单个传感器实现听音辨位、远场拾音、语音分离，不仅可用在安防、工业等领域，也广泛应用于消费类电子产品。"

消费级的 VecSense 声矢量传感器，填补了尚处于空白的市场领域，获得客户和投资人的一致认可和赞誉。

海岸语音公司的投资人认为，海岸语音核心技术主要是基于声矢量传感器的超指向拾音及多声源精确分离技术。这项技术在智能机器人、工业检测、智能车载、助听设备、智能音箱、智能家居、无人机、智能玩具甚至军事领域等具有广泛的应用，成为这些场景下拾音系统必备的功能组件，市场前景广阔。

人才缺乏是最大的苦恼

旁边有一台手机正在大音量地播放歌曲，石伟开始演示海岸语音产品。他通过一个指甲盖大小的智能声矢量传感器，就能够不受噪声干扰准确地根据用户指令进行人机交互。原来，智能声矢量传感器可以通过定位来捕获用户指令，从而能够排除噪声对用户指令的干扰。

石伟介绍，语音交互识别是个庞大的产业链条，包括麦克风前端处理、语音识别、语义理解以及应答生成、语音合成等环节，公司主要的切入点是麦克风前端处理的技术。

关于未来的发展，他乐观地说："作为人工智能领域中的智能语音行业，我认为在不远的未来就可具备快速商业化部署的能力，实现成熟产品落地并服务社会大众。特别是基于智慧城市、智慧安防、智能家居、智能交通、智慧教育、智慧医疗等场景，在机器人感知、语音识别、基于音频的工业故障预测、智能降噪、智能交互等诸多领域，存在着大量的市场机遇和闪光点，我们可以有很多作为。"

根据石伟在智能语音和音频方面的布局，有很多技术方向需要深入研究，但他透露，招聘到合适的研发人员也成为公司当前的一大难点。

"北京地区高校密集，招聘容易，但缺乏硬件产业链配套；深圳具备较好的硬件产业链，但高校密度相对低一些。我在深圳遇到的语音或者声学方面的人才基本都是外省高校毕业的，香港毕业的也不少，深圳本地高校培养的则几乎没有，希望深圳本地高校也能注重人工智能、智能语音、声学等方面的专业人才的培养。"石伟迫切地表达着他对人才的渴求。

目前，海岸语音的产品还在不断地优化，找到行业典型应用方面是石伟仍要面临的一大挑战。石伟表示，虽然现在已经推出了 VecSense 智能声矢量传感器、HA0114 工业听诊器、HA0308 智能拾音器等 3 款产品，但这还远远不够。在未来多种产品推向市场，产品正式落地的时候，希望能够找到知名度较高的产品或厂商背书，从而进一步打开国内外市场。

石伟认为，目前整体的智能语音市场还处于一个蓄势待发的阶段，很多产品还停留在实验室阶段。技术上，比如语音识别、语音翻译等，还不能完全替代人工，实现完美的智能交互。但随着国内外各大企业、创业公司、研究机构多年的技术沉淀，同时得益于市场需求和政府政策的推动，行业的整体发展向上态势将会一直持续下去。而另一方面，随着人工智能的快速发展，中国智能语音技术领域的专利数量也在持续增长。通过研发的持续投入和庞大的用户群基础，国内智能语音公司已经占据了一席之地，其中科大讯飞就是其中的杰出代表。

"海阔凭鱼跃，天高任鸟飞。"对于未来的智能语音市场，无论是当下的科技巨头企业，还是像海岸语音这样的初创型企业，都有无限的发展空间。

【专家眺望】
矢量声学给机器装上敏锐耳朵

随着信息技术的发展，智能语音技术已经成为人们获取信息和沟通最便捷、最有效的手段。而作为助力人工智能或机器理解人类指令的技术，智能语音技术也借此契机迅速发展。

客观地说，智能语音技术拥有着较长生态链条，包括语音前端信号处理、语音识别、语义理解、语音合成等多个环节。海岸语音秉承"赋能机器听觉，感知美好世界"的愿景，专注于矢量声学领域，以语音前端信号处理这一垂直细分领域为突破口，可为客户量身定制软、硬件结合加云端引擎的一体化的智能听觉感知技术解决方案而获得市场认可。

海岸语音创始人石伟正在用矢量传声技术和智能语音技术，为 AI 时代的形形色色的机器人赋能，使它们像人一样具备"灵敏的耳朵"。

不做消费类产品，只卖芯片和技术

笔者从业以来，最轻松的一次采访是在海岸语音采访石伟。石伟把一个 U 盘一样的小玩意儿插入手机，然后说："你可以提问了，等下这个玩意儿可以把你说的和我说的分别录下来，并且转化成文字，并且不会受到第三方声音的干扰。"

笔者带着好奇心开始了采访。两个小时采访结束时，果真得到了非常清楚的采访对话记录文档。

"这个小玩意儿即插即用，它既可以做海外旅行的翻译机，还能做录音笔、会议记录员，功能非常强大。这个小玩意儿在我们内部的研发代号是'2G'，对外正式的名字就是 Zero（中文'零'），"石伟笑着说，"Zero即将在海外一个平台上众筹，单价低于 50 美元，预热阶段非常受粉丝欢迎，相信很快就能在国内批量上市。"

最令笔者吃惊的是，石伟说："叫'Zero'的这个小玩意儿，并不是我们海岸语音的产品，因为海岸语音的定位是不直接做消费类产品的成品，而是提供芯片、传感器、算法以及解决方案。我们努力把技术方案输出到 B 端客户中，目前已经和一些代表性的企业客户达成了战略性的合作，比如，平安科技、TCL、苏州科达、新译科技等。"

他介绍，在翻译机领域，他投资了深圳市时空壶技术有限公司，专门做针对 C 端的电子消费产品。最早，这个公司研发生产了翻译耳机，获得了海岸语音的技术支持，而 Zero 则是双方共同合作的具有突破性形态的第二代多功能翻译产品。

石伟介绍，海岸语音研发的 VecSense 智能声矢量传感器体积很小，却实现了平面 360 度声音的拾取，并能充分保留声场的方向信息，"通俗来说，VecSense 传感器赋予了机器人知道用户讲什么话、在哪里讲话的能力。这一功能是保障人与机器人之间准确、高效对话的基础"。

研发声音诊断器，服务工业故障报修

海岸语音 VecSense 智能声矢量传感器还可以用在工业故障报修领域。HA0114 工业听诊器就是这样一款手持式故障听诊工具，能够快速检测故障声源，精准定位故障位置，高效准确排除故障。它是基于海岸语音技术推出的一款高可靠性、高一致性、轻巧便携的工业噪声定位、声检测、声诊断产品。

它提供了一种直观的故障声源定位方法，能够对车辆汽缸、活塞、火花塞、油路、发电机等部件进行故障检测，只需通过"一扫一听"即可精准定位故障声源和检测声压大小，帮助维保人员更直观有效地制订维修方案，可广泛应用于汽车工业、大型机械运维、工厂产线声学测量等诸多领域。

石伟透露："我们正在给一家大型发电厂做故障诊断新方案。在发电厂里一般有电流声音和机械运动的声音。工程师把智能声矢量传感器布设在各个设备上，大型的设备还可以在不同位置分布式地部署多个，然后就可以根据多个传感器采集到的声音对设备进行精细化声音诊断，某个部位出现故障就能立即报修，帮助发电厂工作人员快捷地发现故障位置。经过长时间的强化学习后，我们的音频 AI 还能对矢量传感器传回来的高信噪比[1]音频进行故障预测，在真实发生故障前给出故障警告，防患于未然；减少因故障停机带来的损失。我们的技术优势一是基于 VecSense 智能声矢量传感技术的 HA0114 的声学探头具有超高方向抑制比，拾音角度仅 60 度，在靠近被测设备的情况下，几乎可以做到只拾取单点位置的声音，有效抑制环境噪声，精准还原目标方向声音，避免工业环境下强烈的噪声干扰对声音产生畸变从而造成故障诊断和预测的误判，因而能助力维修人员高效排除故障；二是大量的数据积累使得我们的音频 AI '见多识广'，对于常见机械及其产生的故障不需要试运行，安装好工业听诊器后，连上我们的云端引擎，即可立马对设备进行声学故障诊断和预测。"

不光是电力设备的管理和维护，像这样的应用场景还有很多。智能声矢量传感器发挥功效的地方还不少，比如现在很多的消费电子产品，如智能手机、智能耳机、智能音箱等，生产完毕后都要经过严格的测试工序，以确保产品质量，其中声学检测是必不可少的一环。以前，这种声学质检都需要在一个一个的屏蔽箱中完成。有了智能声矢量传感器后，屏蔽箱就不再需要了，多个产品同时测试也不会相互影响，大大提高了生产线声学质检的效率，进而提高了整个生产线的生产效率。

介绍到这里的时候，石伟愉快地分享了一位国际同行的杰出作品，那就是 1994 年荷兰特温特大学博士生 Hans-Elias de Bree 发明的一种基

1　信噪比指电子设备或者电子系统中信号与噪声的比例。信噪比越高，表明产生的噪声越小。

于 MEMS 技术的新型声学传感器——微流传感器。它的基本原理是利用 MEMS 工艺在基板上制备两根相距很近的铂电阻丝，并将这两个电阻丝加热到超过 200℃的高温。当有声音传播经过时，声音引起的空气震动会引起两根金属丝产生温差，通过测量两根电阻丝之间的温差来测量声波传播引起的空气分子振动速度，进而转变为声音信号。"这种微流传感器测量的不是声压而是声压梯度，灵敏度比较高，但其制备工艺复杂，产量也较小，所以诞生之后定位于特别高端的产品，单个传感器的报价甚至可高达两万欧元，只少量用于军事和大型工业领域。而我们的 VecSense 智能声矢量传感器在成本上与普通手机用的麦克风几乎没有区别，拾音指向性等指标还远高于荷兰人发明的这个微流传感器，因此我们的智能声矢量传感器除了可以用于军事和工业等高端领域外，还可以广泛应用于消费电子、服务机器人等领域，拥有非常高的性价比。"

寻找应用场景，科幻爱好者圆梦

过去，如果汽车闯红灯，有摄像头可以抓拍取证；如果汽车在街头鸣笛，却没有技术手段可以取证。为了很好地解决这个难题，基于海岸语音智能声矢量传感器技术的智能声学照相机应运而生。

石伟介绍，智能声学照相机是基于国际先进的声呐阵列定位技术、汽车鸣笛声检测技术、改装车声检测技术和抗噪技术而研发的一款高性能声学探头，可无缝接入交警现有违法监测系统，为违法鸣笛、违法改装车取证等提供权威依据。"智能声学照相机的核心算法拥有自主知识产权，基于 AI 算法的鸣笛检测、轰车检测、人声呼救报警系统，对鸣笛、改装车捕获率和车辆定位精度高，环境适应性强，防风防雨防暴晒。"

目前，海岸语音的基于智能声学照相机的机动车鸣笛定位检测和抓拍系统已经在多个城市进行试点，进行了数十个点位的连续运行测试，评估运行实际效果后就可以很快在全国大面积推广应用。

而在协助交通管理部门进行鸣笛抓拍方面，还只是一个小小的应用场景。

——摄像头的视角是有限的。有时，人们在受到生命威胁的时候，会发出"救命"的呼声，如果街头的摄像头上安装了智能声矢量传感器，就可以循着声音把摄像头调到发出呼救声音的方向，捕捉到是谁在呼唤"救命"，并同时把报警信号直接上传给警方后台，可以更快速地出警解救遇难群众。

——家中的玻璃突然碎了，扫地机器人通过智能声矢量传感器就能判断出发生了"玻璃碎"的事件，马上自动出发去清扫玻璃。

——小孩突然哭起来了，智能玩具通过智能声矢量传感器可以判断出"小孩哭泣"的事件，从而自动开启音乐功能，或者播放妈妈说话的声音。

"上面这些都是一些针对具体场景下对特殊声音事件的识别和利用。我们的团队正在研发基于 AI 的音频事件检测技术，收集了大量有意义的音频事件数据。这项技术在未来将成为机器听觉系统最重要的技术之一。因为在未来，机器人和智能设备除了具备语音识别的功能外，还要能够理解周围环境里的声音，理解其他的声音事件，这些都需要用到基于 AI 的音频事件检测技术。

石伟是一名科幻发烧友，对《2001 太空漫游》《人工智能》《基地》《三体》等科幻电影和小说作品如数家珍。他喜欢了解新的技术、新的市场，或者说新的技术如何应用于新的市场，凡是创新的东西都能带给他想象和激情。他了解自己所爱，也了解自己所擅长的，对不擅长的领域，宁愿寻找到合适的合作者一起去开拓。

基于智能声矢量传感技术的应用场景非常多，因此他并不执着于自己去研制生产面向消费者的终端产品，他更感兴趣的是前端技术的研发。一旦发现了明确的应用方向，他就会寻找拥有行业资源或者市

谢友希

场资源的人去进行项目合作或者成立合资公司，专门进行新产品的产业化与推广，他自己则全身心地带领海岸语音团队进行语音识别前端处理技术的深入研发。

与智能语音技术息息相关的人工智能、机器人产业，近些年都在野蛮生长。早在 2017 年 7 月，国务院的《新一代人工智能发展规划》，便从国家层面制定了未来十多年人工智能的战略部署。2019 年 3 月底，IDC（互联网数据中心）和浪潮联合发布了《2018—2019 中国人工智能计算力发展评估报告》，指出 2018 年中国人工智能市场投资规模约 25 亿美元。到 2022 年，中国的人工智能市场投资规模将超过百亿美元，未来五年的复合增长率将超过 59%，将形成一个新的千亿元人民币规模的产业生态链。

作为助力人与人工智能或机器人之间对话的基础技术，智能语音技术处在向上发展的潮流之中，海岸语音作为专注于这一领域的创新企业，未来必将大有可为。

海岸语音的掌舵人——石伟，给海岸语音规划的未来发展路径是怎样的呢？

长着一张娃娃脸的石伟，说话的时候却显得很沉稳："海岸语音目前专注于语音识别前端处理，未来将从前端向一整条语音技术链条进行渗透，实现音频和视频融合的人机交互。我们会将底层的技术打包为完整的交互解决方案，也就是打造一整套成熟的软、硬件结合加云端引擎的智能听觉感知技术解决方案，更好地服务 B 端客户。"

05 人马互动：
做机器人的大脑

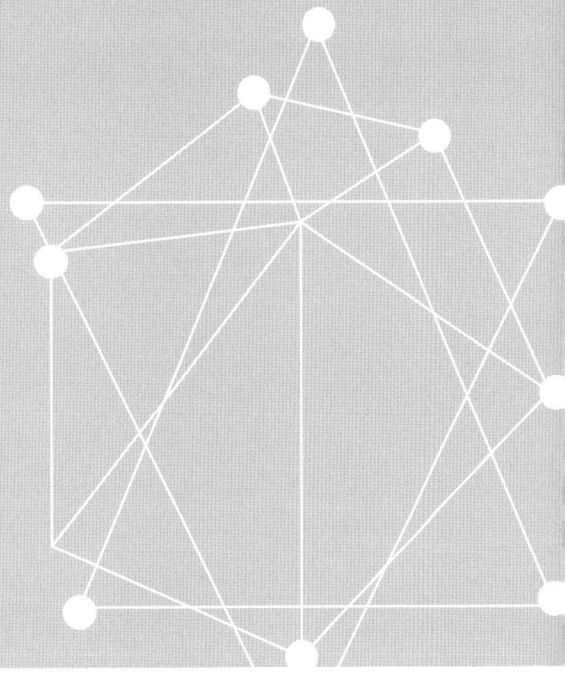

粤港澳大湾区战略性新兴产业研究

企业档案

人马互动

深圳市人马互动科技有限公司（以下简称"人马互动"）成立于 2016 年 10 月，公司专注于智能语音交互技术的研发，人工智能品牌为"齐悟"。"齐悟"是人马互动创立的人工智能品牌，以"做机器人的大脑，让机器理解人类的语言"为核心，为企业打造真正智能化、实用性强的智能语音交互类产品。

公司总部坐落于深圳市南山区深圳湾生态园，现有员工110余人，国内办公场地合计 2000 多平方米，一年之内完成 3 轮融资。2018 年 7 月 6 日，人马互动荣登"2018 中国准独角兽 TOP 50"榜单(夏榜)；同月，上榜"2018 年深圳准独角兽"；同年 8 月，"齐悟"获得最权威中文人机对话比赛——SMP中文人机对话技术测评比赛全球亚军同年10月，公司获得国家高新技术企业认证。

人马互动团队成员大多来自国际顶尖AI研发领域，包括新加坡A*STAR研究院科学家、IEEE（电气和电子工程师协会）资深会员、中科院机器学习专家、神经网络俱乐部总裁，以及世界500强和互联网巨头行业的精英、连续成功创业者等，有着坚定的创业决心和共同的创业理念。

2018年6月6日，完成5000万元人民币A轮融资，本轮融资由贝越实业领投，力合系创投基金、博雅互动、有米科技、中同资本、戴志康、许单单跟投。本轮还出现了多家投资机构竞争投资、金额超募的情况。本轮融资资金主要用于产品研发迭代、市场营销推广、团队人员扩充等方面，进一步持续创造出更多创新、实用的智能科技服务。

【创业历程】
王一：让机器理解人类的语言

人马互动 CEO、"齐悟"人工智能品牌创始人王一坐在名为"长安城"的办公室里，语气沉稳地回顾自己从美国创业、再到深圳创业几年的经历："按照'以终为始'的逻辑规划人生，我现在应该是实现了自己 5 年前所规划的蓝图。'齐悟'让我感受到通过人工智能赋能传统产业，以此提升全社会的效率是多么有意义的一份事业。而且，我非常幸运地遇到了最适合我的事业搭档，真心觉得这一切都是最完美的，我非常热爱自己从事的这份事业。"

从容自信从他心底里流淌出来。他带领人马互动仅用 1 年时间即上榜"2018 中国准独角兽 TOP50"，在福布斯中国公布的 2018 年中国"30 位 30 岁以下创业精英"榜单上，王一入选并被评为消费科技领域新锐精英人物。

在美国创业的"拼命三郎"

王一是深圳本土长大的孩子，从华南理工大学软件工程专业本科毕业后，进入广州一家大型国企工作了两年时间，从技术岗位做到人力资源岗位，综合能力得到了很好的锻炼。

"很多人梦想中的工作是'钱多事少离家近'，而我却认为这样的工作缺乏挑战性。我希望能把国外先进的技术和高端人才带到国内来，要做尖

人马互动员工为产品开发加班至凌晨

端技术领域的创业。"怀抱着理想，2014 年王一来到美国芝加哥伊利诺伊理工大学攻读计算机专业硕士。

王一属于"90 后"青年。他回顾学生时代的自己时说："我并不是一个善于交际的人，甚至有点儿自负、自大，读中学的时候不愿意与同龄人交流，在学校几乎没有什么朋友，读大学的时候才突然变得通透起来，可能是平时喜欢看书的原因，我常常会反思自己哪里做得不够好，哪里需要改善。"

工作两年后再出国深造，王一的留学生活过得并不轻松。他选择了一条特别折腾的人生道路：在美国读书期间，从 0 到 1 组建了一支几十人的优秀团队开始了创业，创办了一家叫 CentaursTech 的公司，专门开发语音控制的网络互动游戏。

王一

"在美国创业没钱、没人、没资源，有的只是想法，而把想法变成行动，并要从市场上赚到钱，还有很长的一段路要走。于是，我每天学习和工作一共要花费 15 个小时以上。在我们最困难的时候，父亲给与我的初创公司 100 万元投资。我父亲说，他是看到了我的努力和坚持，他愿意当种子轮投资人。"王一带领团队研发出"声动战士"，成为全球首款语音控制格斗游戏，玩家可通过语音指令控制角色出招，玩法新颖有趣，从而达到释放压力的效果。

2015 年年底，"声动战士"游戏在苹果 App 上架，获得 100 多个国家官方推荐，王一在美国的创业风生水起。

有时候，一个意外事件可能改变人的一生。

2016 年一天，王一在游戏技术论坛搜帖子，发现了一个叫胡上峰的人发帖称，寻找语音互动游戏的技术研发人员合伙创业。王一私信留言，并留下 QQ 号。"没想到胡上峰很快就加了我 QQ，我们俩在网上聊得很投机，他表达了想回国创业的想法。2016 年被称为'人工智能元年'，在各路资本狂热追捧和媒体万般宠爱下，一批 AI 公司陆续崛起，互联网巨头也纷纷开始布局人工智能，开启 AI 大业。市场'被教育'得差不多了，这个时候做智能语音技术创业也就水到渠成了。我很赞成他的判断，也积极地跟他碰撞有关创业应该如何落地。他所从事的语义识别技术和我擅长的语音识别技术融合在一起，就把智能语音交互产业链条打通了。"王一回忆道，"从那以后，胡上峰就成为 CentaursTech 技术合伙人。我们开始了一些业务层面的合作，他后来成为人马互动的 CTO（首席技术官）。"

网友成为"背靠背"的黄金搭档

2016 年年底，王一回到深圳，开始带着语义识别技术项目的商业计划书疯狂地面见投资人，前后见了 100 多位投资人，最后获得广州海创汇的天使轮投资。

2017 年 5 月，在胡上峰准备从新加坡回国的前夜，王一飞到新加坡。这是王一第一次见到相识近一年的网友胡上峰。这位已到不惑之年的科学

人马互动团队工作场景一

家是一个有故事的男人。北京大学计算机系毕业后，胡上峰在中关村创业
7 年，赶上了互联网时代，主要从事搜索引擎和大型邮件系统的研发。由
于不喜欢项目制的商业模式，他就把这家企业转让给别人经营，决定去国
外深造，寻找影响未来 10 年的下一波浪潮。他先在澳大利亚斯威本科技
大学攻读自然语言处理专业博士学位，在自然语言理解方向，发表多篇论
文并获得美国专利授权。2014 年，他在新加坡科技研究局、资讯通信研究
院任职科学家，在机器人终身无监督学习领域有深入研究，目前已经实现
让机器人具备自我推理各类常识并形成自我知识体系的能力。他在超级人
工智能研究领域的成果处于国际领先水平。

　　王一告诉胡上峰，自己已经拿到了天使投资，要在国内创办一家人工
智能企业，并请胡上峰出任 CTO。"公司取名为人马互动，产品品牌叫'齐
悟'，取自庄子的《齐物论》，即万物皆有灵。我们就是为万物赋能，让它
智能化。"王一详细介绍了自己做的创业准备工作，对此胡上峰都表示赞同。
"我们在想做的事情、企业发展方向上都能找到共同点。他负责技术研发，
我负责对外融资、销售和管理，分工明确，互相信任，我们俩组成了'背
靠背'的黄金搭档。我们之间的关系是互相成就，这是非常难得的创业组
合。"

　　两人初次见面，却聊得很深很透。经过两天两夜的思维碰撞，两人已
经达到精神层面的高度互信。"茫茫人海中，我们为何能一见如故？他凭
什么要相信我这个'90 后'的毛头小子能做成这件事呢？这种缘分太稀少
珍贵了，我真是非常幸运和自豪。"王一心里很清楚，胡上峰比自己大 10

多岁，这次创业可能是胡上峰人生最后一次搏击；而自己则年轻得多，失败了还可以重来。他一定要对得住胡上峰的这份嘱托和信任，必须用百分之两百的努力，去做好这次的共同创业。

2017 年年初，王一带领创业团队回国发展，入驻深圳市留学生创业园，并于同年 5 月正式开展国内业务。他一年里出差 300 多次，几乎成了"空中飞人"。通过频繁地参加创业比赛、约见投资人，王一去拓展国内的人脉和客户资源。

创业之初，与科大讯飞专注于做开放的语音平台不同的是，人马互动选择走 AI 语音交互定制化之路。人马互动公司成立不久，除了继续研发和运营智能互动网络游戏外，还承接一些企业、政府的定制化智能项目，包括智能客服、智能展厅等。比如，随着社会大众对健康越来越重视，大众对高效看病的需求越发迫切，"齐悟"与广州一家诊断专家平台合力打造共享医疗服务平台的智能问诊系统，病人可以通过与"齐悟"机器人的医疗助手语音交互的方式，进行初步的健康筛查。然后，结合"齐悟"的技术优势，可以收集大量有效信息，从而有效解决传统医疗行业看病难、无法有效匹配医疗资源等问题。

一年时间内，王一带领公司达成与 100 多家各行业巨头的合作，让公司在成立一年内实现了盈亏平衡。他获得了 2018 年度全美华裔"30 位 30 岁以下优秀创业者"称号，入选福布斯中国 2018 年度"30 位 30 岁以下创业精英"，被评为胡润百富榜 2018 年度"10 大行业代表人物"。其公司 2019 年 6 月获评"2019 人工智能产业独角兽 TOP50"称号。

王一（左二）被评为胡润百富榜 2018 年度"10 大行业代表人物"

带领企业进行业务转型

王一并没有对实现盈亏平衡或者获得多个创业大奖感到很自得。相反，他觉得不能在这个项目定制的业务方向上继续下去。"我反思，为什么这么拼还很难做大规模？如此耗费精力，效果还不是很理想，主要是延续了项目制的商业模式，好像任何领域都可以结合智能语音技术，什么业务都可以去做，人员队伍很庞大，效率却不高，做得也不够精。如果在一个方面做深入了，技术壁垒就天然形成了。这也就是天使轮投资商海创汇总给我讲'一定要聚焦'的原因。我终于明白了应该如何聚焦。"

王一把心头的困惑与胡上峰进行了交流，两人达成的共识是，目前的人工智能主要集中在专用智能方面，具有领域局限性。随着科技的发展，各领域之间相互融合、相互影响，需要一种范围广、集成度高、适应能力强的通用智能，提供从辅助性决策工具到专业性解决方案的升级路径。通用人工智能具备执行一般智慧行为的能力，可以将人工智能与感知、知识、意识和直觉等人类的特征互相连接，减少对领域知识的依赖性，提高处理任务的普适性，这将是人工智能未来的发展方向。未来的人工智能将广泛涵盖各个领域，消除各领域之间的应用壁垒。

2018年第三季度，王一决定带领企业进行战略调整与转型，将业务重点由大而全的针对性定制化项目转为专而精的通用技能型产品——智能助手，实现在同样的人力投入和开发周期、更小的第三方成本投入前提下，带来更大的、可持续的实际收益。

人马互动团队工作场景二

　　王一的想法得到了胡上峰的大力支持，但团队管理层中有一些人并不理解。"转型意味着要埋头研发至少半年到一年,送到嘴边的订单也不接了,销售变得无所事事,失去了方向感,于是有销售人员陆续离职。"王一说,"我自己也面临着转型，从过去主抓市场，现在变成了产品经理。我要打造一款标准通用的语音解决方案，这款语音助手与苹果语音助手 Siri 不一样，是真正能提供服务的产品，可以帮助人订机票、点外卖，是一款解决人类衣、食、住、行、吃、喝、玩、乐刚需的产品。这款产品可填补市场空白，没有仿制学习的对象，所以需要我们特别有耐心地、仔细地打磨它。"

　　王一一边整顿内部事务，调整企业发展方向，一边进行多轮融资洽谈。

人马互动宣布于2018年6月6日完成5000万元人民币A轮融资。"齐悟"是人马互动创立的人工智能品牌，以"做机器人的大脑，让机器理解人类的语言"为核心，为企业打造真正智能化、实用性强的智能语音交互类产品。本轮融资由贝越实业领投，力合系创投基金、博雅互动、有米科技、中同资本、戴志康、许单单跟投，还出现了多家投资机构竞争投资、金额超募的情况。本轮融资资金将主要用于产品研发迭代、市场营销推广、团队人员扩充等方面，进一步持续创造出更多创新、实用的智能科技服务。

与很多创业公司融资情况不同的是，王一没有与任何一家投资机构签订对赌和回购条款。这样可确保企业能够获得安全健康的发展，而不会在企业早期就被资本绑架。

创业是一种精神上的自我修炼

创业4年来，王一没有拿一分钱工资。他把创业当作一种精神上的自我修炼。他说："人工智能是第四次工业革命，是为万物赋能，为每一个行业都提供不同的解决方案。我就是想做有挑战和有意义的事情，用科技创新为综合国力提升做贡献，实现自己的人生抱负。我出生在农村，父亲当年在深圳也是从0到1开启创业，我也是被'穷养'的。所以，我对物质也没有过高的要求。我认为，钱再多无非房子大点儿，车子好点儿，而要真正达到精神上的自我实现，人生才有了更重大的意义。"

"创业其实是很难的事情，也可以说是一条不归路，一旦启程就停不下来，创业者的时间表上没有生活时间。对我来说，从早上 9 点到晚上 12 点甚至凌晨一两点，都是工作时间，而且几乎每天如此。各种问题就像潮水一样涌过来，你需要去解决每一个问题。你必须是个全才，对财务、税务、研发、人力资源等都要了解，而我恰恰是一个喜欢解决问题的人，喜欢去学习和了解新的事物。不是每个人都可以一直做自己喜欢的事情，而我却有这样的机会。我觉得自己很受命运眷顾，命运给予了我最合适的创业搭档，又给了我一份特别热爱和有意义的事业，让我孜孜以求，不知倦怠。"王一习惯性地捋了一下半尺长的胡须，"这是我决定出国时就开始留下的胡须，效仿古人，蓄须明志。"

人马互动技术团队成员在三三两两讨论工作

　　创业的复杂性不会因为创业者年轻而有所减少，反而会因为其年轻需要走更多的弯路，多经历一些"坑"。比如，刚回国的那一阵子，为了赢得更多的客户，面对每个客户的时候王一都会全力以赴释放能量让自己显得气场强大，以达到说服对方的目的，常常一天见六七拨人，把自己弄得疲惫不堪，心力交瘁。有时，效果也不一定好，也有收不到尾款的情况出现。"其实，如果想尽力说服客户，要表现出很强势的状态，就会给人压迫感。后来，我慢慢调整自己释放能量的节奏，把能量释放控制得收放自如，就像一个优秀演员平时可能低调收敛，一旦上场了就会闪闪发光。这样注意收敛自己，反倒显得平易近人了，显得更谦卑了，可以获得与客户和投资者之间更深层次的交流机会。"王一是个善于反省的人。他认为，每个人都想变成强者，希望依附强者，但不能伪装成强者，应该从骨子里透出自信的底气，这其实是一种人生境界的修炼。基于对企业管理更加游刃有余，对技术的研发更加贴近用户需求，对企业的规划更加符合市场需求，王一的底气也更足了，他希望用一种标准化、通用型的语音解决方案，服务更优质的头部客户。

　　当团队从几十人扩展到上百人后，王一对队伍的管理方式也发生了转变。他每周会根据每个人的表现给员工评级。评级越高的员工，年底分到的奖金越多，而且每年企业把 2%～4% 的期权拿出来给优秀的小伙伴分享。现在，公司每个员工都会自觉加班到很晚，因为他们知道，自己所做的是一份很了不起的事业。2018 年 8 月，胡上峰带领人马互动研发团队参与第七届全国媒体处理大会中文人机对话技术测评颁奖典礼，获得全国亚军

人马互动团队工作日常

的好成绩。

　　同年 9 月，王一把人马互动总部迁到深圳市南山区深圳湾生态园，员工从 40 人扩充到 110 余人，其中 80% 从事研发工作，其中有不少名校毕业的精兵强将：靳志业，从事软件开发 10 多年，在系统架构设计及软件项目开发管理方面积累了丰富的经验；王曦，美国伊利诺伊理工大学计算机硕士；龙方舟，美国南加州大学计算机科学游戏开发方向硕士；鲁哲宇，美国密苏里大学计算机硕士……

　　这一年年末，人马互动开始拓展智能硬件市场。目前，人马互动已与国内多家头部智能硬件方案公司达成合作，包括与出货量最大的蓝牙芯片厂商合作，在智能耳机、智能手环等产品里都将装有"齐悟 OS"语音解决方案，预计 2019 年与超过 200 家行业内公司达成合作，月活跃用户数超过 1000 万，预计 2020 年营收达到 5000 万元人民币，实现盈利。

"见贤思齐，一闻千悟"，可以说，这是人马互动的企业文化精髓；如何向优秀者学习，让自己更加优秀，让优秀成为一种习惯，这是王一的一贯做法。基于把企业当作自己孩子，要把企业短板补齐的思路，王一对企业未来成长中将会遇到的困难开始未雨绸缪。他不认为赚钱是企业的唯一目的，而是把社会责任的承担、社会效率的提升当作自己的使命。这才是让他带领团队夜以继日、以苦为乐的动力之源。

【专家眺望】
做最懂人类的 AI 助手

现在的人工智能大部分是"人工智障"。目前，市面上的语音交互机器人普遍停留在一问一答的阶段，机器只能理解最简单的指令。经过简单几轮对话后，语音助手就开始听不懂，只能依靠卖萌来化解尴尬。人工智能专家认为，就整个行业来看，当下的自然语言处理技术处于缓慢发展阶段。自然语言处理技术其实是人工智能领域中最难的领域——被誉为"人工智能皇冠上的明珠"。攻克这项技术，就意味着让机器通过图灵测试[1]即达到强人工智能的阶段。可以说，自然语言处理的智能程度，决定了机器人能达到多么智能的水平。

"齐悟"人工智能品牌创始人王一的梦想是，机器能像人一样顺利理解上下文，进行多轮对话，成为生活伴侣的语音助手，可以帮助人们订机票、订酒店、打车、点外卖、播放音乐等，让用户在一个语音服务消费平台上，即可完成所有衣食住行的安排。

智能语音交互需要多智能？

推开家门后，当脚一踩在地板上，机器人就可以自动感受到用户回来，马上把拖鞋和家居服送到主人面前；躺在沙发上，说一句"今天很累"，智能沙发就可以很贴心地根据用户的健康数据来挑选最适合的倾斜度；打开手机，说一句"我明天一早要去北京出差"，手机马上告诉用户北京的温度，机票最便宜是多少钱，是否需要马上预订……这才是真正的智能家居，而不是通过冷冰冰的指令或事先预设的联动场景来实现。

王一解释道，人工智能的主要发展阶段包括运算智能、感知智能、认知智能，这一观点已得到业界的广泛认可。早期阶段的人工智能则是运算智能，机器具有快速计算和记忆存储能力；当前大数据时代的人工智能则

1　图灵测试（The Turing test）由艾伦·麦席森·图灵发明，指测试者与被测试者（一个人和一台机器）隔开的情况下，通过一些装置（如键盘）向被测试者随意提问。进行多次测试后，如果有超过30%的测试者不能确定被测试者是人还是机器，那么这台机器就通过了测试，并被认为具有人类智能。

是感知智能,机器具有视觉、听觉、触觉等感知能力。随着类脑科技的发展,人工智能必然向认知智能时代迈进,即让机器能理解、会思考。语音交互三个核心要素,第一个是语音识别,即把声音转化成文字,类似于耳朵的功能;第二个是语义理解,是人工智能最核心部分,功能相当于人类大脑理解句子本质的含义;第三个是语音合成,即把文字转成语音输出,完成了一整套语音交互动作。目前市场上 Nuance、科大讯飞、云知声等专注于语音识别技术的产品,做的工作相当于给机器安上一双耳朵,而"齐悟"则独辟蹊径,将语义理解当作语音交互的重要研发方向,相当于给机器人装上一个会认知的大脑,由此也向认知智能时代迈进了重要一步。

在为行业企业定制语音服务系统时,王一发现,国内语音市场还处于"被教育"的阶段,很多企业对人工智能的需求还不是很明确。而且,由于语音交互技术还没有做到产品通用化的阶段,企业对未来产品语音功能和用户的体验反馈不确定,因此国内语音市场还需要继续"被教育"。

"齐悟"之所以在行业内具有一骑绝尘的优势,是因为它拥有经过 10 多年自然语言处理领域技术沉淀的结晶,研发历时 10 年,自主研发的语义识别新引擎被业内认为是革命性的语音交互技术。"齐悟"引擎的核心是通过其语义理解的算法技术优势,赋予机器拟人化的思考能力,让机器人可以处理复杂的逻辑关系,从而实现上下文的语义理解,使机器人可进行高度拟人的复杂多轮对话,而且在保证顺畅沟通的同时,还能越来越"懂你",创造真正实用的人工智能新物种。该技术采用独特的偏重实例层的多层语义知识网络,基于图模板映射的规则归纳知识推理,从而实现人机多轮对话及上下文语义理解，这就让"齐悟"具有了与众不同的"大脑"逻辑思维能力。换一句话说，"齐悟"的网状思维逻辑能够支持交流中的多个话题跳转，即使有多轮一系列的对话，或者多个复杂句子的表达。这不是传统的一问一答，也不是传统客服那种线性菜单式逻辑，更不是人工堆积数据后的智能，而是见贤思"齐"，"齐悟"自己建立的逻辑。可以说，这样高的"脑"技术壁垒，当前很难被突破，受到业内专家肯定和客户的认可。

　　"以订机票为例，我们做一个完整的订机票的语音交互流程。用户说'我要从北京去上海，要订一张机票'，最重要的是要理解他的核心意图、出发点、目的地在哪里。识别了意图之后，要在云端处理，对这个状态做一个维护。比如，他知道你现在要订票了，在这个业务过程中做一个对话管理，最后会根据我们的模板形成一套回答，给用户做解答。我们有一个完整的模型，就像人们之间的日常聊天一样流畅自然。"王一介绍，以前是 PC（电脑）时代，用键盘鼠标跟人交互是非常粗糙的，而现在大家拿着手机做交互，这是一个巨大的进步。目前，屏幕是我们和智能设备交互的主要渠道，图形用户界面的点击、滑动、触摸等为我们创造了各种各样的交互方式，这已经成为我们的交互习惯。可以预见，未来交互模式是以更加自然的方式呈现。语音交互好比现在跟大家聊天，其方式就是一个很自然的交互形式。当语音交互技术发展十分成熟时，尤其在人们双手没空的时候，特别需要语音交互，可以帮助解决人们生活工作中的实际问题。这就是语音交互的生命力所在，因为它直接提升了全社会的效率。

依据统计数据显示，预计我国人工智能市场空间广阔，发展速度远超全球。2020 年，全球 AI 市场规模将达到 1190 亿元人民币，年复合增速约 19.7%；同期，中国人工智能增速将达 91 亿元人民币，年复合增速超 50%，远超全球增速。技术趋于成熟与基于人机交互的潜在应用场景扩张，正在共同驱动语音识别与计算机视觉市场增长。2016 年与 2017 年，语音识别技术市场的同比增速分别达到约 47% 和 70%。

当前，中国人工智能行业的细分领域——智能语音产业获得了前所未有的发展。美国著名咨询公司 Research and Markets 估算认为，2015 年，中国的语音市场规模为 46.8 亿元人民币，比前一年增长 53.1%，占世界总语音市场的 12%。根据中国工业和信息化部电子科技信息情报研究所数据显示，预计到 2018 年年底，全球智能语音产业规模将达 112.4 亿美元，年均复合增长率达 35.1%。随着语音在智能产业的应用不断加深，全球以及中国的语音市场在接下来的 5 年中仍将维持显著的增长。到 2020 年，全球语音市场规模预计将达到 191.7 亿美元。

人机交互的终极形式必然是回归自然语言。因此，目前美国各大巨头都在大力布局智能语音交互领域，包括苹果的 Siri，是手机上的语音助理；微软小冰更多还是以插科打诨的闲聊为主；Amazon 的 Echo 主打智能家居领域。然而，没有一家公司将语音技术与生活服务内容完全整合起来，更不能实现多意图识别、上下文记忆关联、精准意图识别反馈。"齐悟"拥有的记忆、理解、推理、问答以及上下文多轮对话技术，使其与传统的一问一答机器人有着本质的区别，可以打造真正实用的语音助手，成为人们生活不可或缺的一部分。通过不断积累细分领域的数据，建立起更高的技术壁垒以及用户壁垒，人马互动从而有望成为这一巨大空白市场的巨头。

智能语音技术与泛娱乐融合

"齐悟"源自自主研发的智能游戏。早在 2015 年，"齐悟"创始人团队在美国就已做出全球首款智能语音控制游戏，因此在泛娱乐领域有丰富的技术和资源积累。"齐悟"提出要重点攻克泛娱乐领域，通过创新的跨界融合，与动漫 IP、影视明星合作开发打破次元壁[1]的虚拟偶像，打造出能与粉丝进行语音互动且具有娱乐性、功能性、养成性的智慧虚拟生命体，拓展 IP 新的商业渠道。

分享时代是中国首个明星数字资产运营专业公司，而"齐悟"在人工智能方面拥有全球领先的技术，双方强强联手。在合作中，把明星的虚拟人物形象、语言、动作、声音等各种元素植入到智能交互产品中，利用 AI 技术可以把明星形象融入人们的日常生活，让明星成为粉丝专属的私人定制偶像。

试想一下，在未来，你喜欢的偶像可以只为自己歌唱，既能作为私人秘书帮助你点外卖、订机票、打车，还能化身贴心的伴侣每晚用温柔的声音哄你安然入睡，这些不是作为追星族的你的终极美梦吗？

"我们目前也跟国内 100 多位明星合力打造明星虚拟偶像。以后，大

1　次元壁是指二次元动漫世界与三次元现实世界之间的墙壁，这个词最开始从日本二次元界产生。

家可以想象：比如，每天早上明星叫你起床，可以帮你定个闹钟，帮你处理很多事情，订个机票、叫个外卖都可以，以一个偶像的形象进入到你的生活当中。还有，齐天大圣、孔夫子或者诸葛亮等，文化创意产业帮助我们输出优秀传统文化，以载体的形式。我们目前也在做这一块产品——全息虚拟偶像，跟你互动聊天，未来帮你处理很多琐事，这其实是跟动漫很好的结合点。"王一介绍。

"齐悟"将自己定位为生活和泛娱乐领域 AI 解决方案商，智能游戏和虚拟偶像都是"齐悟"发力的方向。"齐悟"延续在智能游戏的优势，继续研发语音交互智能游戏；"齐悟"还将跟 VR、AR 游戏做一个很好的结合。大家想象一下，如果以后戴着一个 VR 眼镜躺在床上玩斗地主，直接跟他说"三个二带一对九"，这就可以直接通过语音形成一个浸入式的体验。还有诸如棋牌类游戏、竞技类游戏，不需要手柄就可以实现一个完全语音操控过程。

"齐悟"的产品还可以进行闲聊逗趣服务。当今社会出现了数千万"空巢青年"，手机成为一种长期陪伴，各种社交 App 应运而生。"齐悟"的产品在闲聊和情感方面一点儿都不逊于真人聊天。相信在未来，"齐悟"不仅能获得用户数量的增长，而且还能在人们的生活中占据重要的地位。

"齐悟"正在打造一个交互文艺平台，比如小说剧本在"交游天下"这个开放平台上可以变成游戏，玩家可以选择在游戏中的角色，以游戏主角的身份，通过文字或者语音与游戏人物进行交流，并自由选择剧情走向，大大增加了游戏的趣味性和自由度。

未来，当智能语音技术与泛娱乐深度结合之后，有很多新鲜的互动语音游戏会进入我们的娱乐生活中，这是"齐悟"带给我们的另外一个新世界。

AI 生活服务消费平台横空出世

2019 年 4 月，全球第一个 AI 生活服务消费平台——"晓悟"在苹果上线，"齐悟"后台已经打通了所有车票机票预订平台、导航平台、生活缴费平台等，可以帮助用户解决衣食住行的问题。"晓悟"是全球首款能够实现平台内无任何外部链接跳转，即可完成全部服务流程并且打通交易闭环，实现平台内无缝查询、预订、支付下单的智能虚拟助手。

"晓悟"已实现包括订机票、订火车票、订酒店、打车、导航、查天气、日程提醒等几十项服务功能，其中主要功能有 10 多个，所合作的上游数据企业皆为生活服务类的头部企业。王一介绍，他们目前仍在不断扩展数据合作企业，丰富"晓悟"的业务场景。

"专用智能向通用智能发展和技术平台开源化，这是人工智能技术发展的两大趋势。"王一介绍说，开源的学习框架在人工智能领域的研发成绩斐然，对深度学习领域影响巨大。开源的深度学习框架使得开发者可以直接使用已经研发成功的深度学习工具，减少二次开发，提高效率，促进业界紧密合作和交流。国内外产业巨头也纷纷意识到，通过开源技术建立产业生态，是抢占产业制高点的重要手段。通过技术平台的开源化，可以扩大技术规模，整合技术和应用，有效布局人工智能全产业链。谷歌、百度等国内外龙头企业纷纷布局开源人工智能生态，未来将有更多的软硬件企业参与开源生态。

基于对人工智能未来趋势的判断，王一透露，"齐悟"未来会开放"机器人大脑平台"，人人可以 DIY 机器人。可以预见，一条基于"齐悟"技术的"机器人大脑产业链"正在不断延伸。"齐悟"的愿景是，希望人工智能快速应用到更多的垂直领域，真正解放人们的双手，为人们的生活带来诸多便利。未来，"齐悟"致力于成为中国人工智能的品牌标杆和龙头，成为下一个互联网的入口。

根据王一对企业的规划，2020 年将推出"齐悟语义理解引擎开放平台"，与超过 500 家行业内公司达成合作，预计营收超过 4 亿元人民币，总接入设备用户数超过 3 亿。2021 年，"齐悟"获得海量用户后，着手培养用户习惯，预计总用户数超过 6 亿，利润超过 1 亿元人民币。这时，"齐悟"将成为新的流量入口，有望登陆资本市场。

作为深圳的未来新兴产业代表，王一在 2019 年 6 月的"双创周"受到国家领导人接见。他感到无比自豪，也产生了更大的使命感。

王一表示，国家正在建设粤港澳大湾区，而大湾区具备发展人工智能产业的巨大优势在于几点：一是深圳及周边城市的电子信息产业高度发达；二是香港金融业发达，并且拥有很多国际化的人才；三是大湾区的整体消费水平居国内前列，对人工智能新技术的渴求度更高。我们应该看到，人工智能的焦点正在从技术突破转向应用落地。在这波浪潮里，一定会涌现出一批人工智能巨头企业。党的十九大报告指出：推动互联网、大数据、人工智能和实体经济深度融合。这里提到的"人工智能与实体经济深度融合"，正是目前人工智能技术和产业发展的核心。但是，深圳在制造业及智能硬件方面的巨大优势没有被充分利用，人工智能算法与硬件的结合还没有大规模出现。

"我认为，深圳应当发挥自身在产业方面的优势，聚焦于人工智能技术的产业化大规模应用，并用人工智能引领粤港澳三地大融合，实现人工智能在大湾区的全覆盖，获得更深入的融合、更广泛的应用，打造粤港澳大湾区城市产业集群，建设真正意义上的'人工智能大湾区'，成为国家人工智能技术创新高地。'齐悟'通过新型的 AI 合作模式，帮助企业打造差异化、智能化的产品，进而帮助传统企业完成技术革命转型，协助新型企业实现加速发展，实现共赢，推动市场发展。'齐悟'愿意站在人工智能的潮头，立足粤港澳大湾区奋勇搏击。"

06 钛深科技：
柔性触觉传感技术的
领航者

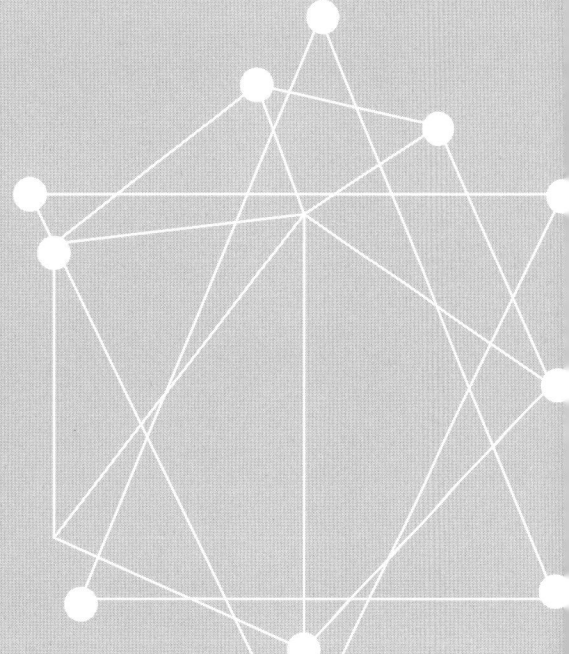

粤港澳大湾区战略性新兴产业研究

钛深科技

钛深科技（深圳）有限公司（以下简称"钛深科技"）成立于2018年年初，是一家高科技型初创企业，开发并拥有全球首创的第四代柔性触觉传感技术——离电式传感，并提供世界上最灵敏和最柔性的人机感应及交互界面。钛深科技专注于开发柔性触觉传感器及触觉AI解决方案，并致力于解决其在医疗、消费电子、机器人及智能汽车等领域的应用。

钛深科技率先通过提供超高灵敏度及超强抗噪性能的触觉传感器、柔性人机交互界面以及可穿戴健康监测技术来解决目前市场上对于高精度、大阵列、超柔性的触觉传感需求，并提供相应的技术咨询服务。

钛深科技总部位于深圳，在北京设有办事处，在美国加州设有研发中心。员工一半以上拥有博士学历和海外求学经历，是一家以技术立业的高科技企业。

【创业历程】
潘挺睿：探寻超越人类的触感

这是一项来自美国的"黑科技"——可以赋予任何物体表面超级灵敏的触觉感知功能，现已成功地在包括塑料、木头、布、纸和皮革等传统材料介质表面，开发出具有触觉感知功能的智慧表面。

这项技术的发明人是来自美国加州大学戴维斯分校生物医学工程系的潘挺睿教授。他与他的创业合伙人汪晓阳博士携手中国科学院深圳先进技术研究院，于 2018 年成立了钛深科技，在深圳南山将这项颠覆性创新成果成功产业化。目前，钛深科技研制的触觉传感器主要的应用客户包括国际消费电子巨头以及国内大型医疗器械公司和工业智能设备集成商。

对"荷叶效应"的另一种思考

2006 年，潘挺睿博士在美国加州大学戴维斯分校生物医学工程系担任助理教授，2015 年即成为该系最年轻的终身正教授。他的一项重大发明来自对"荷叶效应"的另一种思考。

荷花何以出淤泥而不染？是因为它的表面十分光滑，污垢难以停留？不是。科学家用扫描电子显微镜观察，发现荷花的花瓣表面像毛玻璃一样毛糙，尽是 20 微米大小的"疙瘩"。20 世纪 70 年代，德国植物学分类科学家威廉·巴特洛特和同事在试验中，偶然发现了"荷花效应"。

潘挺睿

　　"'荷花效应'的发现给人意外的启示。它启发人们去研制涂料和油漆，使墙面像荷花一样不受污染，永葆鲜艳色彩。目前绝大多数研究正是基于这一效应获得研发新结构材料方面的灵感的。"潘挺睿教授介绍，"可作为工程师，我觉得从机械和传感的角度来看更有意思，就是当微小的液滴落在荷花上是站不稳的，微风轻拂，即会发生明显的颤动。如果我们能准确测出荷花上液滴的微弱颤动，是不是就可以在柔性表面上发明出一种非常灵敏的力传感器？"

　　这是一个很好的科学问题。潘挺睿曾经在加州大学洛杉矶分校攻读机

潘挺睿博士（右）与美国技术总监 Ben Bazor 博士（左）讨论问题

械学专业博士学位，又在明尼苏达大学攻读电子工程博士与生物医学工程专业硕士学位，具有跨学科的研究经历，所以他把多年学习和积累的各种知识进行了梳理，灵光一现：他曾在加州大学洛杉矶分校上过一门"微科学"的课。这是美国工程院院士何志明教授讲的课。他讲到了一个非常独特的双电层电容原理，就是当一个电子和一个离子在固体和液体界面相遇时，会产生巨大的相互作用力，这就形成了一个超级电容器。潘挺睿决定验证是否可以把这个超级电容变成一个有力学传感功能的装置，这项工作有巨大的难度。

"因为要做出一种新兴智能材料，这种材料的稳定性、可制造性和机械强度不仅要符合工业对材料的要求，还要具备离子和液体的本征属性。而通常离子的特性只在液体中具备，就是说，这个新兴材料必须同时具备液体和固体的属性。我们经过两年多时间的研发，最终首次研制成功并向全球展示了基于全固态材料的柔性离电式传感器。"潘挺睿自豪地说。

2012 年，潘挺睿在国际上首先提出了不同于传统电容、压电或电阻式传感的全新传感技术——离电式传感技术，将现有的固态电容传感器的灵敏度提高了 1000 倍以上，而其机械响应速度则提高了 20 倍以上。而在抗噪能力、柔韧性、制造成本、低功耗性能上，离电式传感器都远远优于现有的固态电容传感器。离电式传感器的感知元件并不是通过膜的形变来获取外界压力。而是通过打印的离子液珠和导电材料的接触面积的改变来感知外界压力。这种创新的传感方式在国际上处于领先地位。从该项技术极为简洁的结构设计中受益，整个器件可将具有优良机械性能和光学透明度的高分子材料以低成本的方式快速加工而成，从而创造出全新的柔性纳米界面压力传感器。它满足医疗上的舒适、安全、低成本和操作的简易性。该传感器不仅与传统的电容式压力传感器有着巨大的区别，而且比市场上现有的电阻式压力传感器有显著的优势。而且该传感器采用纳米材料作为系统的核心元件，体积可以做到微米级别，扩展了其潜在的应用领域。该传感技术的二次开发相对容易，适用范围广，譬如可以利用该传感器制作传感阵列，用来感知二维平面上的压力分布。

2018 年，潘挺睿教授提出的离电式传感器原理被国际知名期刊综述《芯片实验室》列为继电阻传感器、电容传感器和压电传感器原理之后的第四类传感器原理。前三类传感器原理已经经过了近百年的发展，而第四类传感器原理则是被华人科学家首次提出来的，该技术的进一步开发将在国内外传感器发展中处于领导地位，有望引领一场新的仿生传感器技术革命。

把第四类传感器原理推向商用

2017 年，刚刚迈入不惑之年的潘挺睿，并不希望离电式传感器科研成果仅仅停留在发表论文的层面。他希望把这个超级灵敏的触觉传感技术真正推向应用与产业化，能够造福全社会。大学教授要做产业化，最关键的一步是找到靠谱的合作伙伴，共同组建一支团队。

那年冬天，潘挺睿从美国来到北京，在搜狗 CEO 王小川的安排之下，与老同学、专职经理人汪晓阳博士见面。搜狗在被誉为"互联网下半场"的战争中，一直以积极主动的心态在关注垂直场景如医疗方面的 AI 问答及智能硬件的落地，期望实现线上和线下的互通，由线下设备提供数据入口，为未来物联网千亿级设备智能互联搭建基础。在得知潘挺睿的产业化诉求后，王小川特别兴奋，因为医疗级别的连续穿戴健康监测设备将提供海量的长期数据和极高的用户黏性，并为社会大众在疾病的预防及术后护

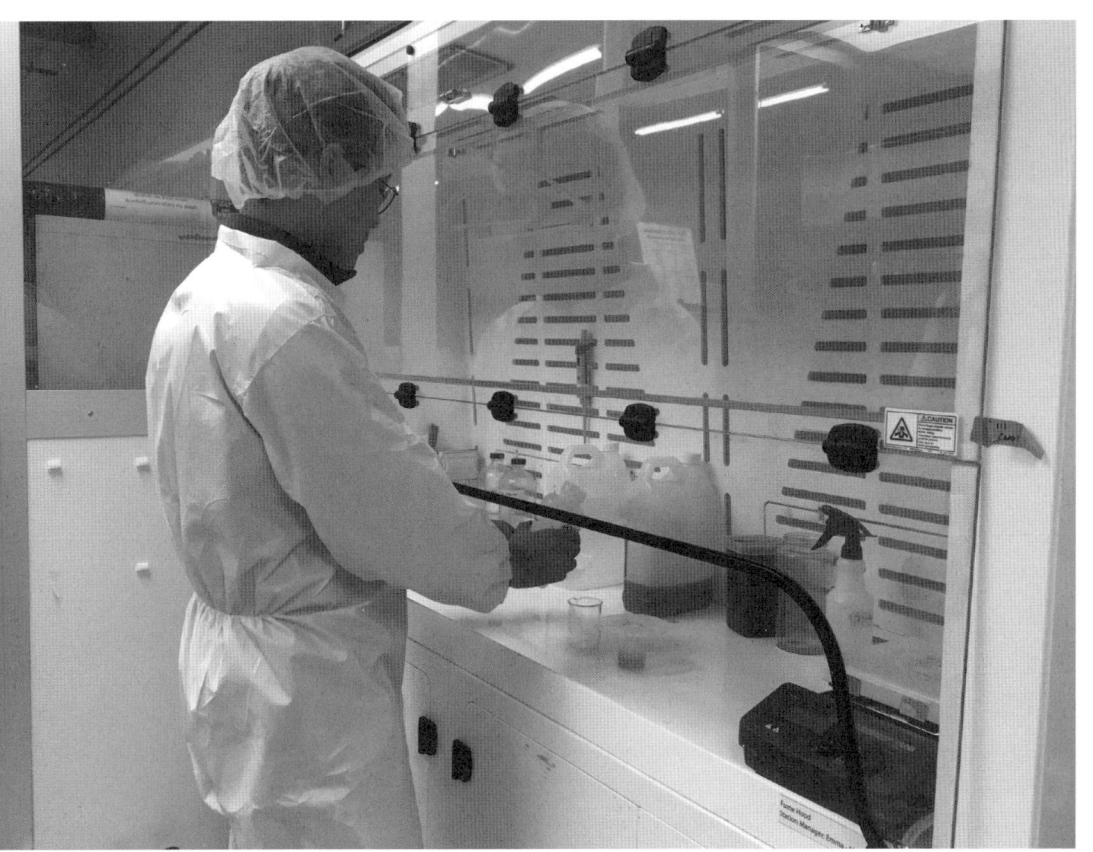

钛深科技的科研人员在进行研发工作

理等方面提供很大价值。之前设备端的难点在于传统传感器的准确度和可集成性差，使得设备昂贵且不适于穿戴；现在有了底层突破性的技术进展，自然引起了技术控王小川的好奇心。但多年的公司运营经验也使得他对潘挺睿的技术转化产生了担心："物联网产业的整个价值链条很长，而老潘的项目要从底层原材料、原理做起，一直要做到产生最终用户价值。这里面需要判断取舍哪些自己做，哪些外包；也需要判断哪些方向优先级更高。此外，技术的落地转换需要摸着石头过河，快速试错非常重要，这样能把有限的资源最大化地用于打造一个成功示范性产品或项目，从而能争取到新的资源继续发展。"从这个角度讲，对外部市场的了解和对内部团队的管理是成功转化落地的关键环节。王小川想到了学技术管理出身、目前正在从事物联网创业的同学汪晓阳。在之前的公司合作中，汪晓阳曾帮助搜狗开发智能设备并与办公软件进行集成。

"汪晓阳和王小川都是我中学的同班同学。我跟汪晓阳近 20 年没有见面了，王小川知道我在找 CEO，而汪晓阳则在找项目，所以他就撺掇我们俩见面商谈。"潘挺睿在北京朝阳区的一家星巴克咖啡厅见到了阔别已久的汪晓阳。"我当时说的第一句话就是：'我啥都不缺，就缺一个 CEO！'汪晓阳耐心听完我两小时滔滔不绝的离电式传感项目的背景和应用前景介绍，当即决定一起合作，共同打造离电式传感的未来。我们随即在深圳市南山区西丽创业村租了一套房子，重新做起了室友。这是我们分隔近 20 年后又回到了中学时代的生活。"

一位曾在大学校园里任教的老师要启动跨国创业模式，其实是一个很折磨人的过程。过去，潘挺睿在美国著名大学担任教授，工作和生活轻松而惬意，按部就班的生活压力也不大。一旦踏上了创业轨道，工作强度和复杂程度瞬间提升了无数个级别。"我每个月在深圳待两周，再飞回美国工作两周；汪晓阳每周一早上从北京飞到深圳，工作到周五晚上，再飞回北京的家。我们俩都像打鸡血一样，充满了工作的激情。"

　　早在 2015 年，潘挺睿在美国旧金山湾区成立了钛深科技公司，在研发上做了一些探索工作。由于缺乏得力的 CEO，产业化进展并不理想。然

2019 年 7 月，潘挺睿博士（右）与 CEO 汪晓阳博士（左）合影

而，通过多年的科学研究与技术积累，他的团队已经掌握了仿生触觉传感系统所需要的生物建模、离电传感、信号处理、无线传输、柔性加工、生物材料等多项关键技术，共计在 *Nature*、*Science* 子刊在内的著名学术期刊上发表高水平科技论文超过 200 篇，申请美国及全球发明专利达 30 余项。

2018 年年初，这支充满激情的创业团队与深圳先进院（"中国科学院深圳先进技术研究院"的简称）合资成立了钛深科技，获得广东省珠江计划创业项目支持，开始开展新一代触觉传感器的产业化工作。

触觉传感器是压力传感器的一个子类，它的难点多年以来一直集中在仿生介质上。今天，钛深科技能够把它做在硅胶、布和纸介质上，实现了这个行业的一大技术突破。它使我们能够更好地发挥想象空间，做出很多以前想做却没法做的产品。

从智能鞋子的诞生说起

钛深科技的办公室，研发人员正在摆弄一双看上去很普通的运动鞋。仔细一看，才发现它有很特殊的地方：在鞋的内侧有一个小纽扣一样的物件，这就是柔性离电式传感器。它可以非常精准地搜集到位于脚背上的跌阳脉传来的心率、呼吸、血压等人体健康参数，然后上传到云端，就可以直接反映出人体的健康情况。

"我们与一家研发生产医疗器械的上市企业在合作生产这款智能鞋子，用于术后监控与康复监控。"潘挺睿介绍，"市面上也有一些智能鞋子，但其传感器都是采用的压力传感器，把传感器安装在鞋垫上，对数据的监测不会那么精准。我们传感器的特点是把触觉传感器安装在鞋面，实时采集跌阳脉传来的呼吸、血压等人体健康参数，更加灵敏和准确。不仅可以监测各种生理体征，还可以监测运动信息和姿势信息，对运动姿势进行纠正和指导。我们产品的核心竞争力可以用 5 个字来概括，那就是'灵、透、密、柔、薄'。所谓'灵'，它的信噪比高于 4000:1，可以用于医疗级产品；所谓'透'，这是全透明方案，允许开发融合传感器；'密'是指它的间距小于 1mm，允许定制高密度传感器阵列；'柔'是指可以做在全织物上，允许客户开发健康穿戴产品；'薄'是指它的厚度低至 0.01mm，几乎不增加任何尺寸和重量。"

潘挺睿在美国读博士期间，就希望做有变革的事情，因为他亲眼见证了美国医疗器械产业的飞速发展。21 世纪初，美国逐渐形成了美敦力等垄断型巨头。他本来是攻读电子

钛深科技 FootWARETM 智能健康监测鞋

工程专业博士学位的，可为了跟上医疗电子产业的潮流，他又攻读了生物医学工程硕士学位。"医学词汇十分难掌握，因为很多词汇来自拉丁文。我每天都在背单词，经过刻苦学习，后来我在美国一个医疗器械创业项目担任首席技术顾问，发现所学的知识大有用处，可以很好地理解临床上的最新技术需求。我现在把触觉传感器用在医疗产品上，感觉得心应手。把所学知识做成好产品，会很有成就感。我们是全球唯一一个可以研制生产医疗级的柔性传感器企业。"潘挺睿语速很快地说："我们目前正在进行Pre-A 轮的融资，数千万元资金用来建设 GMP[1] 生产测试基地，并且组建市场营销队伍。"

　　潘挺睿对深圳的创业环境赞不绝口。他说："你看，就拿这双智能鞋子来说，它需要的各种元器件，在粤港澳大湾区都能够很好地找到。我们做的其他产品需要购买配件或者打样，在东莞、惠州、中山这些周边城市也能很方便地解决。粤港澳大湾区内的城市之间协同能力非常强，而且物流很便捷，对我们这类创新企业来说无疑是最好的选择。旧金山湾区更多是偏软件的创新，而硬件创新缺乏上下游产业链的协同，在粤港澳大湾区恰恰是硬件创新具有得天独厚的优势。而且，深圳高素质的年轻人很多，我们很快就组织了一支能力很强的创业团队，员工一半以上具有博士学历和海外求学经历，这在别的城市根本无法做到。深圳市政府对创新项目扶持力度之大、深圳融资环境之好，都是深圳的优势所在。我已经深深地爱上了这座年轻的移民城市。"

1　GMP(Good Manufacturing Practices）,意思是"生产质量管理规范"或"良好作业规范""优良制造标准"。GMP 是一套适用于制药、食品等行业的强制性标准。

潘挺睿只争朝夕地在粤港澳大湾区和旧金山湾区两地奔波，带领着钛深科技团队去探索如何超越人类的触觉，为人工智能社会贡献一份力量。目前，钛深科技可以为客户提供触觉传感器（即柔性压力传感器）、传感集成模组和压力传感解决方案。虽然才起步两年，钛深科技却以独特的技术优势切入了医疗器械和工业应用两大领域，正以骄人的姿态搏击于人工智能产业的潮头。

【专家眺望】
仿生触觉的应用将无处不在

"今天，对于触觉传感器来说是一个非常好的市场发展窗口。AI、边缘计算、丰富的连接方式、云都已经发展起来，现在正是从万物互联走向万物智联的过渡时期，IoT（Internet of Things，物联网）终端对各种传感器的需求勃发，触觉传感器可以帮助我们实现各种更加智能、更加灵敏、更加类人的智能设备和玩具。"钛深科技 CEO 汪晓阳说，"比如说，具有感知能力的玩具熊或猴子将会出现。当你触摸它时，它会主动跟你打招呼。"

那么，仿生触觉还能带给我们什么样的新奇体验呢？

医疗领域迫切需要仿生触觉

亚力克·罗斯在《未来产业》一书里介绍了乌克兰发明者研制的"Enable Talk"手套,能运用套在手指上的弹性感测器来辨识手语,并通过蓝牙,在智慧型手机上转换为文字讯息,接着再把文字转换为口语。如此一来,聋哑人士就能"说话",并且即时被人"听到"。[1]

其实,如果有了钛深科技研制的仿生触觉传感器,像"Enable Talk"手套这样的可穿戴设备并不难研制出来。很显然,这样的可穿戴设备,不仅能在医疗过程中扮演辅助的角色,而且也让人与机器的分界变得日益模糊。

未来,你的贴身衣服或鞋能够感知和监测你的脉搏和心率,而不用专门做个心率带绑在心脏上。在医疗可穿戴应用上,离电式可以体现出前所未有的优势。其超高的灵敏度可以实现对便于长时间穿戴的非侵入式动脉脉搏波的实时监测,可以用于对脉搏波、心率和呼吸的连续监测以及对血压趋势的连续监测。实时监测所得的数据可以预防心血管疾病的发生,辅助医生诊断心血管疾病,以及为患者提供术后检测。静脉功能不全压力管理系统则首次利用可穿戴传感器为加压疗法提供压力反馈,用来保证加压疗法的治疗疗效,可减少患者就医次数,减少康复所需时间。

钛深科技创始人潘挺睿博士透露,由于触觉传感器具有超高灵敏度柔性,拥有超薄超小曲面和生物兼容性,可以精确测量人体内外常见压力,

---

1　亚力克·罗斯著,《未来产业》,第 52 页,远见天下文化出版有限公司,2016 年 5 月出版。

因此可以用于各种体内体表压力测量方案和精密医疗器械。比如，传统的胶囊机器人只能到人体内完成拍照，不能监测功能性数据。如果胶囊机器人采用仿生触觉传感器，就可以监测到人体肌肉的蠕动情况。目前，钛深科技已经与国内最大的胶囊机器人企业合作，研发新一代胶囊机器人。一旦成功，就可以实现对人体消化道功能的实时监测。

除此以外，柔性触觉传感技术还为人工智能假肢技术的发展提供了新的发展方向。给人工假肢配备触觉传感器，使得智能假肢在提高灵活性、操控性和智能性之外，还具备对外界环境的信息感知和反馈能力。这就要

2018 年 1 月，搜狗 CEO 王小川（中），汪晓阳（左）与潘挺睿博士（右）合影

2018 年 3 月，钛深科技初创团队合影

求智能假肢具有像人一样的触觉感知功能，与人的神经产生信号交换。也就是说，要能够将人工感知到的外界环境参数，通过现代人机接口方式传送到人体神经系统，并由大脑发出指令以控制躯体受损部分的活动。这极大地提高了人工假肢的康复效果，增强了神经修复的意义。作为仿生智能假肢的核心，触觉传感系统为使用者提供了对接触物体纹理、表面结构、整体形状等机械特性的感知与评价能力，弥补了传统假肢对于触觉感知能力的缺失。然而，目前的研究成果虽已让人工假肢具备了基本的触觉功能，但其传感器产生的信号与皮肤中的天然触觉传感器——机械性感受器发送的信号仍存在巨大差异。因此，在下一代高性能触觉传感系统中，将在包括传感材料选择、结构设计、解耦算法、信号获取电路、传感器校准等多个技术领域展开持续创新以及实用化、产业化方面的探索。

人工触觉将赋能智能制造和物流业

在未来的工业生产场景中，智能生产设备将具有仿生触觉，机械手将具有裸压力反馈能力，能抓取不同重量的物品，可以承担更多的工作。拥有人工触觉的协作机器人肯定是未来工厂所大量需要的人类助手。

同样，AGV（智能搬运机器人）小车如果有了仿生触觉系统，就能及时发现物品的重心是否偏移，是否会倾倒，可以及时调整运送货物的方式。

还有，零售企业目前普遍采取的是利用人工视觉来做无人售货，但这个方法具有看不准、摄像头会侵犯隐私等缺陷，而采用人工触觉来改造货架后，可让货架来"摸"商品，知道哪些商品需要补货，哪些商品已经销售了。不论是在准确度上，还是控制成本上，人工触觉技术都比人工视觉技术更有优势。

与现有电阻式、电容式、压电式柔性压力传感器相比，汪晓阳介绍说："我们新开发成功的离电子式柔性压力传感器无论在灵敏度、动态响应、静态响应、抗噪能力、柔韧性、透明度、制造成本还是低功耗性能上，都是上上之选。"

由于触觉传感器可以让任意材质表面升级为触觉可控，而且其阵列式传感布局可以提供更加自然的输入方式，因此，它可以广泛地用于简易称重、手势输入等方案，让人与物、物与物的界面都有触觉。不论是智能制造，还是物流业、新兴零售业等，都将因为触觉传感器的普遍使用而发生天翻地覆的变化。

机器人时代仿生触觉无处不在

未来，具有类似人类皮肤的机器人将会出现，那么将会有更多的服务机器人进入人类的日常生活中。

而对于尚处于起步阶段的服务机器人而言，由于其更加贴近人们生活，应用场景更广阔，市场潜力巨大。据估计，随着大规模的人口老龄化的到来，未来中国将成为服务型机器人最大的市场。2016 年 4 月，工信部、国家发改委、财政部联合印发了《机器人产业发展规划（2016—2020）》。

该文件中提出："到 2020 年实现自主品牌工业机器人年产量达 10 万台，六轴及以上工业机器人年产量达 5 万台以上，服务机器人年销售收入超过 300 亿元，在助老助残、医疗康复等领域实现小批量生产及应用。"要发展服务机器人产业，就要求机器人能够模仿人脑，具有一定智能，不仅能够感知视觉、听觉、触觉，还能分析出行为关系，并具有自主学习的技能，能够听懂人类语言，协助人类完成工作。

在技术层面上，目前对单维力传感器的研究较为成熟。但作为智能触觉传感，不仅需要传感器能实现对表面垂直压力的检测，同时也需要传感器能够检测水平方向的剪切应力。比如，机器人握持物体时，需要同时感知正向压力与切向力，而当机器人接触一些表面不规则的物体时，更需要实现三维方向甚至多维方向力的探测。三维力触觉传感器的研制已经成为智能机器人技术的一个重要研究方向。归纳起来看，新型智能机器人要求具备自主环境感知功能，能够智能调度、自动规划，还具有人机交互功能等。为满足智能机器人的发展需求，对机器人柔性触觉传感的迅速发展及产业化提供了极佳的历史机遇。

不仅是服务机器人产业受益于仿生触觉技术，而且各种智能硬件和玩具如果拥有了仿生触觉，也会给人类带来更好的用户体验。毫不夸张地说，机器人时代仿生触觉的应用无处不在，这是一个潜力巨大的新兴市场。

07 数字动能：
用量化科技助推资产管理

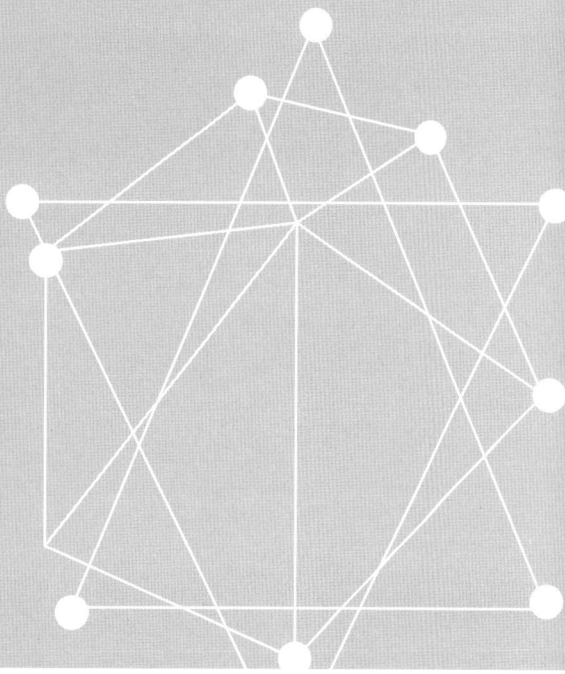

粤港澳大湾区战略性新兴产业研究

数字动能

深圳数字动能信息技术有限公司（以下简称"数字动能"）是一家服务资产管理机构，是提供整体量化业务解决方案的金融科技公司。公司于2015年成立，目前拥有60人的专业团队。2016年加入微软加速器，2018年获深圳市政府股权投资，属深圳市高新技术企业。数字动能以自主研发的PaaS（Platform-as-a-Service，意为"平台即服务"）底层架构为技术核心，凭借核心团队多年的技术和行业积累，一直坚持全自主研发路线，已开发出包括"投资→投研→资管→投顾"的量化科技系列产品在内的全线产品，实现了"以量化科技构建资产管理业务的完整生态服务"的目标，是国内极少数可以提供从量化交易、量化投研到量化资管、量化投顾完整解决方案的技术提供商。目前已与多家期货、券商、公募、私募和金融服务公司展开项目合作。

数字动能以自动化、智能化为目标，为二级市场资产管理机构提供创新金融科技产品，协助其提高效率、降低成本和扩大资管规模，促进业务与技术的融合，助力"智能投资"业务的发展。数字动能致力于构建"基于量化的资产管理集中服务平台"，是资产管理领域PaaS平台技术服务提供商的创新先行者。

【创业历程】
黄嵩：从重启模式到跨越式成长

　　金融科技日新月异地发展，新技术对传统金融行业进行鬼斧神工般的重塑，大数据、云计算等新技术为公募、私募、券商和期货公司提供了更多的科技服务手段。黄嵩创办的数字动能是一家立足量化科技、服务于二级市场资产管理机构的金融科技公司。那么，正站在巨大的"风口"上迅猛发展的他，是如何抓住机遇创业的，又是如何规划企业的未来的呢？

　　2019 年 5 月，在深圳湾科技生态园里一间现代化的办公室里，这位在大机构工作 15 年后毅然投身创业浪潮的黄嵩，讲述了自己曲折的创业故事。他经历了资金断流企业倒闭后又重启的过程，如今企业找到了崭新的发展方向，正快速向前。

创业 8 个月资金链断裂

2001 年，黄嵩从英国兰开夏中央大学物理航天系计算机专业毕业，回国后进入上海光大证券公司工作。2003 年，黄嵩到景顺长城资产基金管理有限公司担任高级经理，在景顺长城资产基金管理有限公司工作的期间（2009 年），获香港城市大学 EMBA 学位，2013 年离开，一干就是 10 年。

"那个阶段，生活十分安逸舒适，仿佛天天都是风和日丽的晴天。然而，我选择创业就等于选择了一个很折腾的人生模式。"黄嵩笑言。

2014 年 5 月，黄嵩和搭档陈亮不约而同地看好金融科技领域的创业机会，共同创办了一家数字量能的公司，开始了创业之旅。从这一年开始，黄嵩的人生就进入创业的惊心动魄、波澜起伏的阶段。

黄嵩对陈亮这个搭档赞不绝口："陈亮性格内敛，逻辑思维严谨，是难得的科技研发类人才；我的性格具有进攻性，比较急躁，但是管理能力和对事物的统筹能力较强。同时，我所拥有的 10 多年资产管理机构工作经验，与我的创业伙伴无论在性格还是专长上，可以互为补充。毫不夸张地说，我们俩就是创业'黄金搭档'。"这对创业伙伴，起步之初一路顺风顺水，不仅产品定义清晰，而且研发进展顺利。更难得的是，公司成立才 4 个月就获得了千万元级别的战略投资。

危机常常隐藏在看似风平浪静的背后。令黄嵩意料不到的是，2015 年股市的动荡，影响了投资机构对金融科技企业投资的信心，投资机构承诺的资金最后只到位了 300 万元人民币，导致数字量能公司走到 8 个月的时候，由于投资方的撤资而突然资金断裂，不得不一夜之间解散所有的员工。

在公司面临资金链断裂的情况下，很多员工其实不愿意离开公司，也纷纷向黄嵩表达了留下来的想法。可黄嵩觉得，这些"90后"年轻人自身没有多少积蓄，不能耽搁他们，所以拒绝了他们的请求。但他内心被团队的信任深深震动，"彼此信任"也成了他创办数字动能公司的首要企业座右铭。

"在第一个公司'挂掉'的那会儿，我认真反思，认识到创业者实际上常常狼狈不堪。再骄傲坚强的斗士，也会在寒风中濒临绝望，也会在悬崖绝壁和孤独无助中感到恐惧。而且，我还认识到自己的肩头承载的不是一个人的梦想，而是一群人的梦想。不是我想做就做，不想做就拉倒了，那么多人相信我，这件事情就值得去坚持。为了对得住这份信任，我选择坚持下来，选择自己扛过去，选择团队抱团取暖，选择从不可能中寻找可能，尝试从残局中反败为胜。就这样，我们打了一场漂亮的翻身仗。"黄嵩坦诚地说，"要说当时我不生气，那是假话。说真的，当时我虽然很生气，但我尝试着去理解投资者。他们投资我们的时候是出于信任，不再继续投资，一定是有原因的。所以我接受他们的决定，不再纠缠，但对投资人只有一个要求：'希望能把员工安顿好。'最后，投资者也给予遣散员工每人两个月的工资赔偿。这算是做得很不错了。"

第一次创业失败的经历，让黄嵩和陈亮这对"黄金搭档"对创业有了更深刻的理解，却没有阻挡他们追逐梦想的脚步。他们决定为公司的重启做准备工作。

创业进入重启模式

从决定企业重启之日，黄嵩就一个人背着包开始跑到北京和上海去寻找天使投资人，最高记录曾经一天见 5 家风投机构。黄嵩自嘲道："那段时间，我几乎没有任何停歇、讲得口干舌燥。连续几天讲同一件事情，讲得都想吐了。"然而，由于当时快到年底了，融资推进工作进展十分缓慢，黄嵩感到分外焦灼和无助。

那段时间，陈亮一个人担负起研发的重任，而外部资源整合的事情全

陈亮（左）和黄嵩（右）

部交给黄嵩。黄嵩说："公司在 2015 年 10 月重启，由 6 位合伙人原班人马重新注册成立了数字动能，研发几乎是加班加点，市场业务恢复也是加班加点，不眠不休。我在找钱的时候，还没有睡不着觉的现象，而在产品研发攻关的时候硬是通宵睡不着。因为钱固然重要，产品开发更重要。因为没钱难，但找到钱就解决了问题，而产品出了问题就是要命的啊！幸运的是，我们经过反复改良和测试，终于把产品研发出来交付到客户手中。"

2016 年 1 月，新成立的数字动能迎来了它真正的天使投资人王忠平先生。王忠平当初在台下听了大约 15 分钟的项目介绍，就对刚刚结束讲演的黄嵩说："你要融资多少钱？"黄嵩回答："300 万元到 500 万元。"王忠平爽快地说："我确定要投资这个项目，但我不能确定的是，具体该投资多少金额。"一周后，王忠平派来了一位资深基金经理实地调研数字动能，最后决定投资 450 万元人民币。

数字动能获 2016 年创客先锋二等奖

不到一个月，苏州丰玖投资管理企业（有限合伙）看好量化科技的赛道，也向数字动能公司溢价注资 300 万元人民币。

"我们在天使轮一共融了近 800 万元，算是非常幸运的。在遭遇之前的资金链断裂的危机后，我们重启创业非但没有'挂掉'，公司估值还翻了一倍，这一场翻身仗打得非常漂亮。好的投资人是创业成功的一半，我非常幸运地遇到了给予我们信任和十分专业的投资人！"黄嵩深有感触地说。

有了资金做保障以后，数字动能驶上发展的快车道。关于数字动能的定位，黄嵩是自信而清晰的："量化科技就是通过计算机技术，以数据为基础，用数学统计方法和建立算法模型来协助资产管理公司在资产管理业务上更高效地进行数据分析、投资方法研究和交易执行的科技。由于最早进入量化交易领域，我们团队拥有全自主研发产品的行业先行者，在量化科技领域经验丰富，掌握行情分析、数据分发、策略研究和自动化交易的核心技术。"

数字动能插上腾飞的翅膀

2016 年 8 月，数字动能幸运地进入"第八期微软加速器企业"，是其中唯一一家入围的金融科技领域创业企业。微软加速器为数字动能提供价值 300 万元人民币的硬件资源，性能稳定的"微软云"给数字动能的产品研发带来非常大的助益。"加入微软加速器的激动犹在昨天，5 个月时间里，让我们真切感受到加速器家一般的温暖。那是真正的体贴入微，同呼吸共命运般的共同创业经历。"黄嵩感激地说。

比起锦上添花的赞誉之声，黄嵩更珍惜那雪中送炭的点滴真情。他写给微软创投加速器总经理罗斌、加速器技术总监王雷的感谢信言辞真切："数字动能的企业文化中，信任始终在首位。你们的信任与支持，让我们在创业的路上不再感到孤单与无助，让我们不再感到恐惧和彷徨。我至今依然记得，在北京每每加班至深夜，罗总也在办公室时的每一次交流。我们交流对企业发展的看法，向罗总学习创业过程应该注意的关键要素。我们会开怀大笑，我们也会分享观点。您丝毫没有高高在上的领导式的距离

2016 年，黄嵩在微软加速器演讲

2016 年，黄嵩（左）和陈亮（右）在微软加速器演讲

感，而是对我给予了如前辈和朋友般的关切和重视；王总在微软各部门每一个可能提供的合作机会中，不遗余力地推荐数字动能，介绍他可以接触到的几乎所有资源与我们对接。直至上周，他依然为我们牵线。坦白讲，我感受到的不只是一个孵化器所提供的既定的支持和帮助，而是每一位加速器同事发自内心的关爱。"

　　黄嵩坦诚地说："2016 年，我们的成长外人看不见，因为都是在技术研发阶段，但实际上夯实了基础，为未来几年的发展奠定了核心技术架构，也构筑了较高的技术壁垒。2017 年，数字动能将完成从原来'产品研发为主'到'商用产出变现'的阶段蜕变。打稳技术基础后，一旦进入商业转化阶段，速度就会非常快。"

历经两年的研发时间，至 2017 年时，数字动能推出了一系列金融服务产品。比如，量化投研前端产品，即 Auto-Trader 量化研究交易终端（简称"AT"），并创造性地提出"研究即交易"理念。AT 是业内少有支持本地使用 Matlab 和 Python 两种编程语言进行股票和期货交易的策略研究编写软件，集行情显示、策略编写、Tick 数据回测、交易执行、策略云托管、后台管理、模拟交易、真实交易以及交割单分析等完整功能于一体，并可以把更为复杂、更前沿的研究思路和策略模型纳入研究交易之中，甚至把交易思路延伸到了机器学习、神经网络、舆情分析等领域。量化集中管理中台，即 iMOM 集中策略管理系统，是一款基于量化分析技术的、可以实现跨平台、跨终端的信号收集、分析、筛选策略、配置、输出信号的集中策略资产管理中台系统。iMOM 集成大量数学模型和自动化执行技术，提供多种开放式 API（英文 Application Programming Interface 首字母缩写，意为"应用程序接口"），并可以自定义输出策略及多元策略组合交易信号、业绩分析等内容，方便与其他如智能投顾系统、交易下单系统和绩效展示系统等进行对接。智能投顾后端，即 Go with me 股米智能投顾策略终端。Go with me 是利用量化科技在投顾策略方面的实践，通过研究部形成少量的高质量的策略，可通过托管推送的方式向手机端或者客户端进行信号的转化，形成信号跟踪和交易咨询建议等服务。另外，还有可以作用于资产管理领域各位置的智能业绩分析引擎等 4 个产品。

2017 年 1 月，数字动能建立了一支专业销售团队，将 4 个产品全部快速推进市场。2019 年春天，黄嵩再回顾当初这一举措时，认为自己当时过于乐观和激进了：新产品并没有完全成形，销售员却开始四处给客户做承诺了。研发工作又跟不上，弄得整个团队状态非常焦虑。因此，2018 年第二季度，黄嵩迅速调整了节奏，一边减少市场人员，一边集中精力转到产品研发上，只保留了两个产品线——量化研究终端和量化集中管理中台。

2018 年 9 月，产品性能完全稳定了，大客户也就陆续进来了，有 120 多家的金融机构正在洽谈合作，包括银华基金、中信期货、建新基金、招商证券、广发证券等，还有国金基金管理有限公司、诺安基金、兴证期货有限公司等数十家金融机构已成为付费用户。"企业的发展永远都不会一蹴而就，总是充满曲折和起伏，最难的是能够对自己所犯的错误及时纠正。"黄嵩总结道。

2018 年创业之星大赛路演环节，黄嵩发言

将金融科技教育送进高校

2018年6月，数字动能在进行内部战略调整时，成立了一家全资子公司——深圳市点宽网络科技有限公司（以下简称"点宽网络"），专门面向高校从事金融科技教育工作，培养面向未来的金融科技实用型人才。

黄嵩介绍，点宽网络的领军者就是数字动能的联合创始人之一徐辣。最初数字动能并没有把金融科技教育作为一个大的业务方向，内部也存在反对的声音，比如质疑徐辣能搞得起来吗？公司会有那么多精力拓展教育市场吗？但这支小团队尝试性地与几所高校合作，没想到的是效果非常好，一些高校还主动上门寻求合作。一年多时间，点宽网络的客户资源已经覆盖全国60多所对口院校，与包括清华、北大等在内的10多家高校展开合作。点宽网络团队也从最初的5人扩充到了近20人。

徐辣是个行动力很强的女青年。她说："我们与高校共建'金融科技教育实验室'。学校老师更注重理论教学，我们可以提供人工智能、大数据、区块链、资产配置等实践型课程。我们双方结合则可以培养金融科技实用型人才，协助学校教学工作从理论到实践的跨越，帮助学生完成从学校到就业岗位的最后一公里。因此，清华大学深圳研究生院、北京大学数学学院、北京化工大学、华南师范大学、北京师范大学珠海分校等纷纷与我们展开合作。我们向高校提供教具、教材、教案、作业评分系统等产品，与12所学校建立了量化投资实践基地。除了教学软件本身，更核心的是理论向实践过渡的整套课程体系。点宽量化课程体系包括量化实践课程和金融建模课程，旨在协助高校建立'模型理论→模型应用→实践'的整个从理论到实践的链条。基于课程体系，我们与科学出版社合作，发行了一本量化投资实践的教材。截至 2019 年 6 月，点宽网络已经落地了 6 套教案，而且数量还在不断增加，以帮助老师完成理论向实践过渡的教学。"

　　作为大赛协办单位，点宽网络参与举办第五届和第七届全国泰迪杯数据挖掘挑战赛、第一届和第二届横琴国际量化金融大赛等全国赛事，吸引了上万名大学生参赛。黄嵩说："通过参与举办全国大赛，可以发掘培养量化金融领域人才，同时也希望通过大赛来推动中国高校的金融及相关专业的教学改革与创新，促进我国高端金融技术人才的创新培养模式及认证体系的建设。我认为，数字动能布局金融科技教育领域是准确地把握住了市场机遇。我们服务也做到位了，产品化程度高，这是我们能很快获得市场认可的原因。"

　　随着数字动能的市场开拓加速，公司的估值也在直线攀升。2017 年12 月，Pre-A 轮的融资完成，公司估值超过 1 亿元人民币，获得来自深圳猛犸资产管理有限公司、华软投资两家投资机构以及任庆先生的 2100 万元人民币注资。2018 年 6 月，深圳市政府股权投资基金给数字动能投资 1000 万元人民币。

　　即使数字动能在资本市场受到青睐，黄嵩并未感到有一丝的轻松。他丝毫也没有放松对企业研发投入的要求。他冷静地说："相比发达国家，我们国家的金融科技服务业起步较晚，还有较大差距。我们现在站在新的机会点上发力创新。经过两年的技术沉淀，围绕智能投资业务生态链的系列产品已全部完成开发，陆续投入市场。数字动能'量化科技'在二级市场资产管理业务生态链应用的产品完整度，已经走在了行业前沿。数字动能一直坚定深耕 to B 的企业服务路线，助力机构的资管业务发展。数字动能专注于探索新的量化科技应用场景，不断研发新产品，面向券商、期货、公募、私募、保险等资产管理机构，提供创新型量化科技产品与技术服务。数字动能以降低机构投入成本、提高业务效率为目的，为机构客户的业务发展注入创新科技的动力。目前，数字动能与中信期货、国泰君安期货、国金期货、兴证期货、东海期货、国金基金、红土创新基金等大型资产管理机构总部就量化投资、业绩分析、资产管理系统、智能投顾等已经展开了业务合作。"

【专家眺望】
以量化科技构建投研投顾一体化业务生态

数字动能董事长黄嵩介绍，量化科技实际是在金融科技领域中，将云计算、大数据和人工智能三者的相互作用更细化到资产管理领域，未来的目标就是要以量化科技构建投研投顾一体化业务生态，协助资产管理公司完成所有的业务。

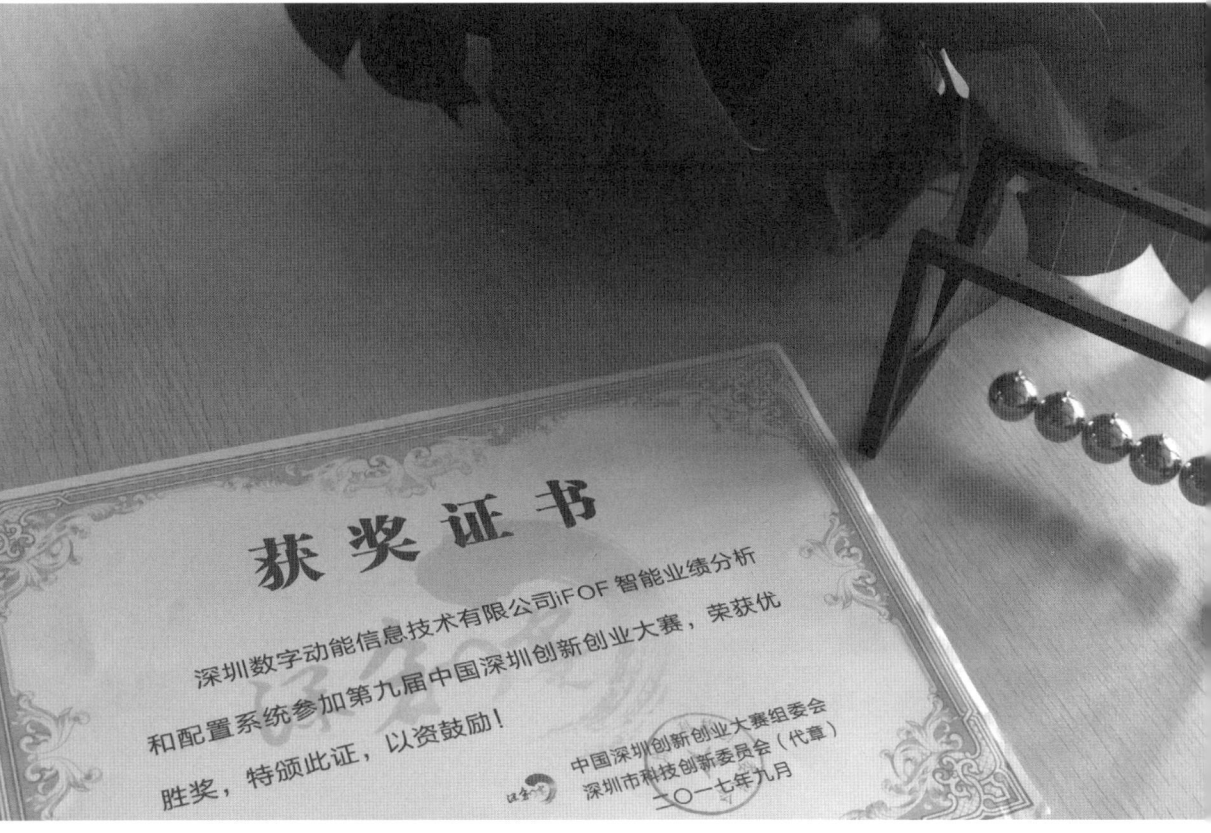

数字动能获第九届中国深圳创新创业大赛优胜奖

三大新技术推动量化科技

"谈到量化，大家会瞬间想到 Quant（数学模型），并认为量化主要是以另一种科技手段执行交易，通过这种交易手段克服人性的弱点，在交易执行的位置赚钱。因此，实际上人们在大部分的情况下将 Quant 与自动化交易画上等号，把量化描述成一种交易手段，科技性并非那么强。如果单纯地从交易实现的业务角度而言,这种说法是正确的,同时也是相当狭隘的一种定义。量化科技不仅运用在交易实现的业务中,而且贯穿整个资产管理业务链条。"黄嵩介绍说,"量化是一种新的资产管理理念,是资产管理业务的数字化转型,从本质上是金融资产管理领域的一次技术创新。量化科技实际上是数据+编程+算法的结合,通过与云计算、大数据和人工智能3种前沿技术结合来全方位影响着资产管理业务的未来。"

他指出:"当我们从这3种技术的整个发展历程来看,我们会发现它们其实存在着紧密联系,三者之间有发展的先后顺序:先是云计算,然后是大数据,再到人工智能的迅速发展。资产管理业务在整个技术发展的格局下,也一直受这3种技术的影响,不断地在改变着业态的发展。"

云计算主要解决的是算力问题。云计算的发展是 IaaS(Infrastructure-as-a-Service,意思是"基础设施即服务")平台构建的过程,主要是从信息技术部的虚拟化改造展开的。过去10年,虚拟化已经成了资产管理公司的标配。随着 Azuer 云、阿里云、腾讯云近几年的发展,私有云部署工作在很多资产管理公司中也逐步展开。

大数据主要解决信息的数字化集中管理问题。从5年前开始,各大资产管理公司开始构建自己的数据中心。数据中心的搭建是各个公司从 IaaS 向 DaaS(Data-as-a-Service,意思是"数据即服务")发展的过程,实际上是完成数据整合的工作,把业务相关的数据统一规整,并入到统一的管理体系之中再加以利用。

人工智能实际上就是算法。云计算(算力)、大数据都有了以后,要求具备数据建模能力、数据整理分析能力，在数据可视化及各类资产配置和交易方法方面的数学建模要求也会提高。人工智能（算法）在资产管理业务的数字化转型中，是最后但同时也是最重要的一个环节。对资产管理业务有一定关注的人，会发现一个现象，即各大资产管理公司对数学、计量分析、统计、金融工程等方面的人员招募在近期变得更加紧迫。为什么会出现这种现象呢？因为人工智能是一个应用问题，是解决实际问题的，需要大量专业人才去应用人工智能这个工具。

云计算、大数据和人工智能形成了未来 10 年最重要的技术变革方向，三者之间是一个互为因果递进的关系，其最终表现形式有可能仅是算法或者人工智能的实现。

"由此可见，量化科技实际是在金融科技领域中，将云计算、大数据和人工智能三者的相互作用更细化到资产管理领域中。它会让未来发生更为巨大深刻的变化。"黄嵩解释道。

投研投顾业务在量化科技潮流中的机遇

在科技日新月异的新时期，量化技术已经不仅仅局限于为资产管理公司提供一个简单的量化交易软件，如何利用"数据 + 数学模型 + 算法"这种量化技术，实现公司的业务提升，达到提高生产效率、降低运营成本的目的，才是各大资产管理公司致力探索的方向。从资产管理公司的各业务部门需求来看，设计出一个基于量化科技的现代化投资生态极具现实意义，它体现在以下方面：

一是提高效率、提升产能的业务需求。在交易为最终目的的资产管理业务中，投研是资产管理业务的基础业务。资产管理公司一般会针对宏观情况，对二级市场的交易行为、行情走势和期现货情况进行分析和研究。相对于主观分析方法，量化投研更多地利用行业数据、行情数据结合数学方法去描述市场潜在的投资机会。通过量化研究团队的搭建，可以把资产管理公司所积累的宏观数据、行情数据和客户行为数据等，通过数学方法加以利用，形成数学模型便于各类业务的分析，或为新的市场或者投资方向找到方法。研究分析师在使用传统的投研方法时，投研产出主要以各类

黄嵩在微软技术大会上发表演讲

研究报告为主。在新的量化投研体系中，投研产出开始趋向数字化，形成以数据和算法为主的各类数学模型，并形成有效的、可管理的、可再利用的资源。

二是业务集中化的需求。资产管理公司业务将从各部门各自为政、各自产出、产品工具重复采购、内部资源消耗的旧形态，向统一资源管理、统一客户管理和统一数据，增强部门合作的方向转化。在部门间进行投研整合、数据整合和客户资源整合的过程中，科学使用数学模型和软件工程相结合的量化投研、集中策略管理和智能投顾等系统成为首要选择。通过集中可量化管理的系统，对量化业务生态从研究端产生的各类策略、因子、投资组合进行集中聚拢，可形成资源池，并对其进行分析筛选提高投研的产出质量。

三是降低成本的自动化执行需求。如何进一步利用自动化执行来降低人力成本和重复采购软硬件的成本，同时又不降低业务运营能力，是资产管理公司面临的一项挑战。利用构造量化投资生态，结合数据、智能算法和软件工程，可以达到缩减人手，一次采购、多次利用的目的。利用量化的数字化投研产出，只需少量的优质策略模型所形成的投研解决方案，就可以支撑大量的投资客户的投资咨询或者交易跟随业务。

四是扩大业务服务广度和深度的商业转化率需求。经纪业务为资产管理公司的其中一个业务方向，通过互联网方式，利用 PC 终端，网页或者手机 App 方式对期货投资者提供各类服务和业务，以达到获客、提高交易活性、增强用户黏性的目的。在利用量化科技所形成的量化研究产出和向终端用户商业化过程中，互金业务所依赖的 PC 终端、网页或者手机 App 是最好的数字化载体。量化研究、数学分析方法和自动化策略可极大扩展互金业务服务的广度，加强其深度。如利用量化业绩分析向客户提供交易业绩分析报告，利用客户行为模型对客户的交易喜好进行深度分析，并匹配合适的交易策略，利用手机终端等向符合资格的投资人提供交易信息咨询。在量化科技的帮助下，互金业务可借助数学模型和软件工程技术，提高资产管理端的商业转化率，让业务产生飞跃式的发展。

量化投研投顾一体化业务平台的构建

结合资产管理公司的具体业务，量化业务生态可以把各类业务集中起来，从传统的 SaaS（Software-as-a-Service，意思是"软件即服务"）向 PaaS 转变。通过构建以量化研究为核心的一体化业务平台，各业务间相互利用、相互转化，可达到提高业务效率、降低成本的目的。量化投研投顾一体化业务平台不同于传统的业务系统，它利用量化科技的特性，在整个平台中，其业务的表现形式均以数据为依托，以算法为基础，让数字化形态的内容在平台中流转，完成业务的实现，即在投研端形成数字化的研究成果，再在业务端进行转化。平台通过信息化手段对所有数据进行管理控制，投研投顾的所有生产过程和结果可以被量化，从而可被评估。整个过程智能实现、自动化程度极高。

黄嵩解释道，量化投研投顾一体化业务平台的构建，从全局的角度而言，主要分为业务层面和技术层面两个方面。在业务层面，数字动能致力于构建基于算法、数据和软件工程于一体的量化投研投顾一体化业务平台，实现资产管理业务的自动化，为金融的资管方向打造全新的量化业务生态。通过该平台，研究员可以通过终端使用 Python[1] 或 MATLAB[2] 进行策略／因子等研究和运用，同时对生成的策略／因子进行回测、模拟，从而可进一步把研究成果向 PC 端用户或者手机端用户进行推送，完成整个"研究 – 资管 – 投顾"一体量化生态体系的构建。目前，数字动能已经实现 QAMS[3] 量化资管 PaaS 服务平台的初步构建。

在技术层面，量化投研投顾一体化业务平台的构建，需要同时具备云计算、大数据和人工智能（算法）3 个条件。数字动能在实现该平台的搭建过程中的技术定位非常清晰明确，旨在为复杂算法和大数据在金融领域的大规模应用提供强金融应用场景的新一代云计算架构，使金融领域大量采用复杂算法和大数据成为可能。数字动能的技术核心主要是构建可承载复杂算法和大数据的弹性系统架构 DX Mesh。

黄嵩指出："我们首先要了解 QAMS 量化资管 PaaS 服务平台的重要性以及带给使用者的便利和实惠。QAMS 量化资管 PaaS 服务平台是一个基于云基础架构的模块化资产管理服务集，完全由数字动能自主研发。它是一个面向量化的资管业务新生态平台，利用模块化的资产管理服务，可以使用户根据实际业务需要，快速对一个或者多个模块进行组合，并快速

1　一种计算机程序设计语言。

2　英文 Matrix 和 Laboratory 的组合，意为"矩阵实验室"。

3　英文 Quantitative Analysis of Multi‐ components by Single‐marker 首字母缩写，意为"一测多评"。

实现部署。"目前，该平台已经实现了鉴权、数据缓存、Matlab/Python编程支持、回测引擎、业绩分析引擎、模拟交易所、策略托管服务、研究池管理、交易管理、跟单、清算、任务托管等超过 20 个业务组件的构建，并成功落地了多个智能投资科技产品，包括量化策略研究终端、集中策略管理系统、智能业绩分析系统、智能基金管理系统。新一代的 QAMS 量化资管 PaaS 服务平台可实现直接以 PaaS 服务的方式完成资管业务交付，并可以快速为量化交易、量化投研、智能资管等多种量化科技应用提供灵活的产品交付和量化解决方案场景交付。

QAMS 量化资管 PaaS 服务平台极大地降低了资产管理公司的技术成本，资产管理机构购买传统的、整套解决方案时，通常不仅要支付高昂的

数字动能获创业之星优胜奖

成本，而且交付周期很长。在新的量化科技引入后，以 PaaS 平台为基础的模块化场景交付解决方案，可以使得资产管理机构信息技术的采购成本投入降为原来的五分之一，同时交付效率提升两倍甚至更高。

另外，DX Mesh 服务网格是量化投研投顾一体化平台的支撑架构。DX Mesh 服务网格是数字动能基于 Service Mesh 思想自主研发的新一代面向金融、资产管理行业的、解决海量数据通信和复杂计算的弹性系统结构。它主要采用微服务技术架构体系，是量化投研投顾一体化平台的支撑架构。新一代的 QAMS 量化资管 PaaS 服务平台的构建，便是基于 DX Mesh 微服务技术架构。与传统的技术架构相比，DX Mesh 自带基础的系统模块，包括服务订阅、服务发现、熔断、限流、降级、分布式和服务通信方式等模块，并可以根据业务需求，在系统模块基础上支撑整个 PaaS 业务架构。灵活新增量化服务集模块，实现可无限延伸的业务节点。

通过 DX Mesh 服务网格支撑的整个量化集中业务 PaaS 平台，在实现更多业务的过程中，新的业务模块开发者无须了解架构细节，仅通过对业务模块的开发实现，便可快速接入平台，做到即插即用，灵活切换环境，极大地降低了对业务模块开发人员的要求，提高了开发效率。实际上，DX Mesh 服务网格不仅可以运用在量化领域平台的技术实现上，还可以支撑各类业务的集中业务中台系统，是中小私有 PaaS 平台的最佳解决方案，同时也是从"产品交付"转向"业务场景交付"的最佳技术实践。

黄嵩介绍，不同于行业内采用开源与共享平台研发的企业，数字动能从底层技术架构开始，凭借自身技术积累，坚持自主研发路线。数字动能的科技产出具有架构基础统一、结构完整、可扩展性强和代码安全性高等特点。

如今，量化科技技术结合数学建模、智能算法和大数据分析，已经成了推动资产管理业务变革的领先力量。目前，金融行业应用 PaaS 机构的占有率不到 2%，未来 5 年应该是 PaaS 平台应用发展的迅速增长期，数字动能将进一步凭借其核心技术体系，即为大数据和智能算法提供轻量级的、高可用的弹性服务网格系统架构 DX Mesh，以及算法与计算执行功能分离的模块化的量化集中业务平台 QAMS，全力推动资产管理业务的数字化转型。

人工智能与实体经济如何更好融合？

目前，我们正处在人工智能迅速发展的早期阶段。虽然大家知道人工智能时代的影响和规模将比历史上任何一个转型时期都要深远，人工智能的潜力彻底改变每个行业和每种社会形态，但现阶段最大的难点在于人工智能如何与传统行业相结合。

在本书介绍的几个案例中，我们可以看到，产业界的精英们正在致力于用人工智能技术赋能传统产业。比如，云天励飞用机器视觉赋能传统安防产业，矽赫团队正在将人工智能与传统光电产业进行融合，数字动能则在努力用云计算、大数据和人工智能新技术赋能传统金融产业。与此同时，粤港澳大湾区人工智能领域学术界的专家们对人工智能与实体经济如何深度融合也展开了卓有成效的探索。

人工智能与机器人产业融合趋势明显

深圳市人工智能学会 2019 年 4 月正式揭牌。在当天的揭牌仪式上，深圳市人工智能学会理事长李光林教授介绍，深圳市政府非常重视人工智能技术和相关产业的发展，不断加强政策扶持力度、搭建各种资源平台推进人工智能产业化。在短短几年里，在人工智能学术研究和产业应用等方面，深圳市取得了非常辉煌的成就。值得关注的是，人工智能与机器人产业的融合趋势也越发明显。

在人工智能产业化方面，深圳市更是抢得先机，华为、腾讯、平安科技、商汤科技、云天励飞等，在人工智能产业应用领域展露出强劲的技术创新力和国际竞争力。而且，人工智能与机器人产业的融合趋势非常明显，深圳智能服务机器人"独角兽"企业优必选科技凭借 AI 技术的应用获得 C 轮投资，以 100 亿美元的估值成为全球估值最高的 AI 创企，成了深圳市机器人行业与 AI 技术融合发展的代表性企业之一。

李光林教授认为，深圳市的大学研究机构和相关企业需要加强人工智能人才的培养、人工智能技术理论的研究和服务，建立地方学术性组织，以搭建国内外科学领域的高等院校、研究机构、企业专家、学者进行学术交流、资源对接的平台。2018 年 7 月，由中国科学院深圳先进技术研究院、北京大学深圳研究生院、深圳市信息行业协会及深圳市机器人协会等 8 家单位及 70 多位活跃在人工智能领域的带头人共同申请成立了深圳市人工智能学会。深圳市人工智能学会的主要科研单位包括：中国科学院深圳先进技术研究院、南方科技大学、北京大学深圳研究生院、清华大学深圳研究生院、哈尔滨工业大学深圳校区、深圳大学鹏城实验室等。这些科研院所和高校在人工智能技术领域和关键技术方面，已取得了一些傲人的科研成果。

人工智能在特定应用领域将取得突破

来自粤港澳大湾区的人工智能领域的专家们，于 2019 年 4 月 9 日齐聚深圳，在"2019 深圳国际机器人和智能系统院士论坛"上发表了主题演讲。香港城市大学生物医学工程讲席教授、国际医学与生物工程院院士张元亭教授，加拿大工程院院士、香港工程师学院院士孟庆虎教授和澳门大学科技学院院长须成忠教授一致认为，人工智能是新一轮科技革命的新引擎，并且各自从不同角度分享了人工智能与实体经济、特定应用领域结合的案例。

须成忠教授认为，近年来，人工智能技术之所以在一夜之间迎来大爆发式的成长，主要是基于三个有利条件：一是深度学习算法有了重要贡献；二是有大数据共享可以训练算法，大数据技术让人工智能在各行各业的应用成为可能；三是算力的极大提升，包括国家超级计算深圳中心、广州超级计算中心的建设，都有力地促进了人工智能技术发展。虽然目前我们距离通用人工智能路程还比较遥远，但在特定的应用领域里，人工智能应用会取得突破性进展。人工智能与实体经济的紧密结合出现了新的机会。

他举例说，人工智能技术在交通管理方面的运用，深圳已经进行了很多有益的探索，包括定制公交"优点巴士"的出现。另外，广州地铁上线了智慧警务系统，通过采集手机信息、公交卡刷卡信息、人脸信息等，可以快速抓捕逃犯，对维持良好社会秩序有显著效果。

须成忠教授透露，深圳市人工智能学会于 2019 年 4 月正式成立，澳门人工智能学会也即将成立，大湾区人工智能学会也在酝酿成立。这些人工智能学会纷纷成立，将有利于促进粤港澳大湾区资源信息共享、合作研究、人才培养，更好地利用人工智能技术服务企业、服务民生。

与须成忠教授持一致意见的，还有张元亭教授。张教授认为，当前人工智能处于从"不能实用"到"可以实用"的技术拐点，但距离"很好用"还有诸多瓶颈，理论、技术和产业化应用的创新空间十分广阔。

张教授强调人工智能在健康工程领域的应用机会有很多，融合人工智能（AI）、机器智能（MI）与人类智慧（HI）是健康工程的核心研究领域之一，具体包括如下应用场景：一是健康档案的挖掘，健康档案或者电子病历是一个汇集患者所有健康数据的存储库，健康档案或者电子病历是医生作疾病诊断和治疗以及疾病预防的必不可少的重要参考；二是患者可以刷脸看病，提升患者就诊的体验；三是人工智能算法可以整合到计算机模块中辅助医生处理临床文档，通过使用深度学习和自然语言处理技术分析相关患者的记录；四是个性化治疗方案和临床决策支持；五是医疗支持和药物管理；六是医疗咨询和服务机器人，高级咨询机器人的应用可以给出实用的建议，并在紧急情况下可以实现视频通话；七是运用于新药研发和生物标志物，可以减少对动物实验和人体临床试验的需求；八是ICU重症监护与自动报警；九是疑难杂症会诊；十是智能养老和照看儿童；十一是远程医疗和移动健康；十二是重大疾病家庭护理和复诊；十三是智能医疗设备研制与生产；十四是重大疾病的预测和预防，可穿戴技术有助于疾病的预防；十五是人工智能运用于救护车和急诊室以提高诊断效率。

孟庆虎教授介绍了三个人工智能具体应用场景案例：一是基于图像的自动诊断系统，可以通过云端智能自动诊断处理系统对内窥镜机器人拍摄到的影像资料进行处理，完成自动诊断，节约医生花在看影像资料上的时间；二是办公室服务机器人，这种机器人可以学会如何乘坐电梯；三是机场行李车回收机器人，技术上需要解决稠密人群中的人机交互问题。

粤港澳大湾区应开辟人工智能技术试验区

2017 年 7 月，国务院印发了新一代人工智能产业发展规划。而在 2017 年 10 月，人工智能则正式被写进了党的十九大报告。短短两年时间，人工智能的发展就上升为国家战略，并成为中国在全球领域引领创新的风口。

2019 年 3 月 19 日，习近平主持召开中央全面深化改革委员会第七次会议。会议指出："促进人工智能和实体经济深度融合，要把握新一代人工智能发展的特点，坚持以市场需求为导向，以产业应用为目标，深化改革创新，优化制度环境，激发企业创新活力和内生动力……构建数据驱动、人机协同、跨界融合、共创分享的智能经济形态。"

令人关注的是，中国也吸引了越来越多的人工智能投资者。据统计，全球人工智能融资规模从 2013 年的 17.4 亿美元增至 2017 年的 152.4 亿美元。其中，2017 年中国人工智能融资额达 825.0 亿元人民币，融资事件数达 441 起。数据显示，2017 年中国人工智能融资规模占全球的 49％，而美国仅为 38％。[1]

2019 年 3 月，人工智能领域的新星——深圳码隆科技有限公司 CEO 黄鼎隆曾向媒体介绍道："技术落地过程中具体的挑战是如何通过沟通、总结、合作，将人工智能技术落地到最合适、最重要的传统产业场景中。

---

1 来源：金融界网站，2019 年 3 月 19 日。

在落地的过程中，如何有效快速迭代，让技术能够稳步落地，真正赋能产业。"

作为深圳市政协委员，黄鼎隆曾在深圳市政协会议上提交《关于把粤港澳打造成"人工智能大湾区"，实现人工智能在三地的全覆盖、全融合、全应用的提案》，提出政府部门划定实验区，让新兴技术在可控的空间内，能够充分利用软硬件研发和产业齐全的供应链优势，快速迭代和完善人工智能技术的相关应用。[1]

黄鼎隆的说法不失为一个明智的建议。因为，新技术和传统行业的结合、碰撞一定会产生很多火花，带来很多的机会和挑战。在技术落地过程中，政府部门可以考虑构建人工智能应用试验区，划出特定区域，进行无人零售、无人驾驶、智能医疗等人工智能应用试验。这样必然加速人工智能技术与传统行业的深度融合，实现快速迭代和完善人工智能技术。

当前人工智能发展仍然处于"婴儿期"，拥有巨大成长空间。人工智能在产业升级、产品开发、服务创新等方面具有很强的技术优势。毋庸置疑的是，粤港澳大湾区具备发展人工智能产业的巨大优势。因此，大湾区在未来应加强人工智能技术和传统产业发展融合，培育新增长点、形成新动能，以人工智能技术推动各产业变革，促进人工智能同第一、第二、第三产业的深度融合。

---

1 引自：《码隆科技黄鼎隆：建议粤港澳大湾区政府开辟智能技术试验区》。来源：大公网，作者：何花，2019 年 3 月 18 日。